챗GPT와
데이터 분석
with 코드 인터프리터

챗GPT와 데이터 분석
with 코드 인터프리터

ChatGPT 3분 레시피로 해결하는
초간단 데이터 가공/분석/시각화

지은이 김철수

펴낸이 박찬규 엮은이 윤가희, 전이주 디자인 북누리 표지디자인 Arowa & Arowana

펴낸곳 위키북스 전화 031-955-3658, 3659 팩스 031-955-3660

주소 경기도 파주시 문발로 115, 311호(파주출판도시, 세종출판벤처타운)

가격 18,000 페이지 272 책규격 152 x 220mm

초판 발행 2023년 08월 25일
ISBN 979-11-5839-463-9 (13000)

등록번호 제406-2006-000036호 등록일자 2006년 05월 19일
홈페이지 wikibook.co.kr 전자우편 wikibook@wikibook.co.kr

챗GPT와 데이터 분석
with 코드 인터프리터

ChatGPT 3분 레시피로 해결하는
초간단 데이터 가공/분석/시각화

김철수 지음

위키북스

사람마다 이상적인 직장인 이미지가 있습니다. 저는 수많은 데이터를 한 번에 분석하고 남들이 못 찾은 통찰과 시사를 알아내고 복잡한 데이터를 보기 좋게 시각화해서 발표하는 직장인 이미지가 참 멋있습니다. 한마디로 데이터 과학자 같은 직장인입니다.

지난 10년, 많은 대기업이 사내 직원을 데이터 과학자로 만들려고 했습니다. 통계 지식과 파이썬 프로그래밍 교육을 짧게는 3개월, 길게는 1년을 가르쳤습니다. 하지만 그런 과정에서 통계와 파이썬을 배운 사람들 대부분은 현장에 돌아가서 데이터 분석을 제대로 하지 못했습니다. 그 이유는 3가지입니다.

첫째, 데이터를 바로잡거나 정리하는 데에 엄청난 시간이 필요합니다. 데이터 형식도 제각각일 뿐만 아니라 빠진 데이터도 있고 잘못된 데이터도 많습니다. 이런 데이터를 일일이 직접 수정하다 보면 데이터 분석에 쓸 기력마저 다 소모됩니다.

둘째, 막상 데이터를 분석하려니 어떻게 해야 할지 모릅니다. 통계도 배우고 파이썬도 배웠지만 막상 새로운 데이터가 나타나니 어떤 통계 기법을 사용해야 할지, 어떻게 프로그래밍해야 할지 막막합니다.

셋째, 데이터를 어떻게 설명해야 할지 모릅니다. 데이터를 화려하게 시각화할 수는 있습니다. 하지만 비전공자에게 데이터로 얻은 통찰과 시사를 제대로 설명할 수가 없습니다. 전문 용어를 쓰면 어렵다고 하고 쉽게 설명하려니 말주변이 없습니다.

이런 문제를 ChatGPT의 코드 인터프리터가 한 방에 해결합니다. 파일을 압축해서 ChatGPT에 업로드하면 코드 인터프리터가 파일을 합치고 나누고 수정하고 편집하고 다 해줍니다. 알아서 데이터의 특성을 찾고 통계 기법을 추천합니다. 알아서 파이썬 프로그래밍을 하고 실행하고 결과를 알려줍니다. 중간에 오류가 생기면 오류도 직접 수정합니다. 게다가 그렇게 나온 결과를 비전공자도 이해할 수 있도록 자세히 설명해 줍니다. 설명이 더 필요하면 얼마든지 다시 설명해 줍니다.

이런 코드 인터프리터를 월 $20달러만으로 사용할 수 있습니다. 월 $20달러만 있으면 이제 누구나 데이터 과학자가 될 수 있습니다. 데이터 분석의 신기원이 열린 것입니다. 그래서 이 책을 썼습니다.

이 책은 ChatGPT의 코드 인터프리터가 무엇인지, 이것으로 무엇을 할 수 있는지 알려줍니다. 통계와 개발을 모르는 보통 직장인을 위해서 썼습니다. 구체적으로는 귀찮은 엑셀 파일 정리를 코드 인터프리터로 3분 만에 해내는 방법을 적었습니다. 숫자로 표기되는 정형 데이터와 이미지 같은 비정형 데이터를 3분 만에 분석하는 방법을 다양하게 다뤘습니다. 마지막에는 차트를 만들고 지도를 그리는 등 데이터를 3분 만에 시각화하는 방법도 설명했습니다.

저는 이미 ChatGPT를 사용하는 기본적인 방법을 3부작(챗GPT와 글쓰기, 챗GPT와 업무자동화, 챗GPT와 기획·분석·보고)으로 썼습니다. 이 책은 ChatGPT의 추가 기능인 코드 인터프리터를 설명하는 책입니다. 만약 ChatGPT를 아직 써보지 않았다면 저의 이전 책을 먼저 읽고 이 책을 보면 좋습니다.

또한 저는 데이터 분석 책도 두 권(데이터로 말해요, 감으로만 일하던 김 팀장은 어떻게 데이터 좀 아는 팀장이 되었나) 썼습니다. 첫 번째는 팀원을 위한 책이고, 두 번째는 팀장을 위한 책입니다. 이 책과 같이 읽어보면 좋습니다.

앞으로 ChatGPT와 같은 AI 기술과 서비스는 계속 나타나고 더 진화합니다. 이런 AI가 사람을 대체하지 않습니다. AI를 잘 쓰는 사람이 AI를 쓰지 않거나 잘 못 쓰는 사람을 대체할 뿐입니다. 우리는 어차피 AI와 같이 일해야 하는 'Working with AI' 시대에 들어왔습니다. 이런 사실을 깔끔하게 인정하고 받아들이는 것이 보통 직장인의 생존법이지 않을까요?

2023년 8월 8일
내게 ChatGPT 같은 May, Sua, Lisa를 위해 쓰다.

책 사용 설명서

본문 내용을 시작하기에 앞서 이 책의 예제 파일 다운로드 방법에 대해 설명합니다.

도서 홈페이지

이 책의 홈페이지 URL은 다음과 같습니다.

- **도서 홈페이지**: https://wikibook.co.kr/chatgpt-data/

이 책을 읽는 과정에서 내용상 궁금한 점이나 잘못된 내용, 오탈자가 있다면 홈페이지 우측의 [도서 관련 문의]를 통해 문의해 주시면 빠른 시간 내에 안내해 드리겠습니다.

예제 파일 내려받기

도서 홈페이지의 [관련 자료] 탭을 클릭하면 아래와 같이 예제 파일이 있습니다. [예제 파일 다운로드] 링크를 클릭하면 예제 파일을 내려받을 수 있습니다.

책 소개	출판사 리뷰	지은이	목차	예제 코드	정오표	관련 자료

- **예제 파일 다운로드**: https://github.com/wikibook/chatgpt-data/archive/refs/heads/main.zip

1

월 $20로
데이터 과학자 되기

1 _ 누구나 데이터 과학자가 될 수 있다   2

ChatGPT 코드 인터프리터란?   2

나도 이제 데이터 과학자!   3

ChatGPT에 파일을 올릴 수 있다   4

클라우드에서 파이썬을 실행한다   5

스스로 코드 오류를 수정한다   6

결과를 차트나 파일로 출력해 준다   7

2 _ ChatGPT 코드 인터프리터 사용하기   8

ChatGPT 접속   8

ChatGPT Plus로 업그레이드   9

코드 인터프리터 사용 설정   10

3 _ 코드 인터프리터를 사용하기 전에 알아야 할 것 13

 ChatGPT의 특성을 그대로 가지고 있다 13

 베타 버전의 한계를 그대로 가지고 있다 13

 외부 라이브러리를 사용할 수 없다 14

 텍스트 분석이나 시각화 과정에서 한글을 처리하지 못 한다 16

 사용 횟수와 업로드 용량에 한도가 있다 16

 세션이 중간에 초기화될 수 있다 16

 파일을 찾을 수 없는 404 오류가 생길 수 있다 17

 코드 오류를 계속 해결하지 못할 수 있다 18

2

3분 만에
데이터 과학자 되기

4 _ 월별 수강생 엑셀 파일을 하나로 합치기 20

5 _ 엑셀의 월별 시트를 개별 파일로 나누기 23

6 _ 두 엑셀 파일에서 중복 수강생 찾기 27

7 _ 여러 엑셀 파일에서 중복 수강생 찾기 33

8 _ 두 회사의 재무제표 파일에서 영업수익률 비교하기 38

3

3분 만에
엑셀 데이터 정리하기

9 _ 잘못된 휴대폰 번호 바로잡기   46

10 _ 빠진 데이터 채워 넣기   50

11 _ 잘못된 수식 바로잡기   56

12 _ 보안 데이터 비식별화하기   62

13 _ 테스트 데이터 만들기   67

4

3분 만에
정형 데이터 분석하기

14 _ 설치 기사별 고객만족도 비교하기(기술 통계량)   73

15 _ 편의점 즉석식품 매출과 기온의 관계 분석하기
    (상관관계, 시계열 분석)   83

16 _ 사무실 매매가 예측하기(회귀 분석)   99

17 _ 온라인 쇼핑몰 유저의 배너 클릭 여부 분석하기(의사결정나무) 108

18 _ 신입사원 300명 중에서 대표 사원 4명 뽑기(k-평균 군집분석) 117

19 _ 신입사원 300명 중에서 대표 사원 4명 뽑기(k-평균 군집분석) 124

20 _ 팀원 이메일 송수신 정보로 소통 분석하기(소셜 네트워크 분석) 134

21 _ 효율적인 상품 배송 방법 찾기(최적화 모델과 그리디 알고리즘) 140

5

3분 만에
비정형 데이터 분석하기

22 _ ZOOM 대화 텍스트 분석하기(텍스트 파싱) 150

23 _ HTML 파일에서 뉴스 제목 추출하기(HTML 파싱) 157

24 _ 쇼핑몰 댓글 긍부정 분석하기(감성분석) 167

25 _ 이미지에서 메인 컬러 코드 찾아내기(k-평균 군집분석) 174

26 _ 명함에서 텍스트 추출하기(광학문자인식) 184

27 _ 같은 소리인지 찾아내기(교차 상관분석) 194

6

3분 만에
데이터 시각화하기

28 _ 차트 만들고 수정하기   205

29 _ 여러 개의 차트 그리기   213

30 _ GIF 애니메이션 차트 만들기   219

31 _ 우리나라 행정구역 지도 그리기   223

32 _ 사진으로 슬라이드 영상 만들기   231

7

부록

33 _ 파이썬 주요 라이브러리 종류와 설명   236

    NumPy(넘파이)   236

    Pandas(판다스)   236

    Matplotlib(맷플롯립)   237

    Seaborn(시본)   237

    Openpyxl(오픈파이엑셀)   238

    zipfile(집파일)   238

    Plotly(플로틀리)   239

SciPy(사이파이)   239

Statsmodels(스태츠모델)   240

Scikit-learn(사이킷런)   240

TensorFlow(텐서플로)   240

Keras(케라스)   241

PyTorch(파이토치)   241

Networkx(네트워크엑스)   242

PuLP(펄프)   242

NLTK(자연어툴킷)   242

BeautifulSoup(뷰티풀수프)   243

OpenCV(오픈씨브이)   243

Folium(폴리움)   244

Imageio(이미지아이오)   244

Geopandas(지오판다스)   245

34 _ 알면 좋은 파이썬 기초 문법   246

변수(Variables)   246

주석(Comments)   246

데이터 타입(Data Types)   247

연산자(Operators)   247

조건문(Conditional Statements)   247

반복문(Loops)   248

함수(Functions)   248

클래스(Classes)/객체(Object)   248

리스트(Lists)   248

사전(Dictionaries)   249

예외처리(Exception Handling)   249

모듈(Modules)/패키지(Packages)   249

35 _ 이 책에서 사용한 프롬프트   250

챗GPT와
데이터 분석
with 코드 인터프리터

1

월 $20로
데이터 과학자 되기

1 _ 누구나 데이터 과학자가 될 수 있다

2 _ ChatGPT 코드 인터프리터 사용하기

3 _ 코드 인터프리터를 사용하기 전에 알아야 할 것

1

누구나
데이터 과학자가
될 수 있다

ChatGPT 코드 인터프리터란?

ChatGPT는 사람과 대화하는 것뿐만 아니라 프로그래밍 코드도 작성해 준다. 이때 ChatGPT가 작성한 코드를 복사해서 원하는 곳에 붙여 넣고 실행할 수 있다. 그런데 2023년 7월 6일에 ChatGPT의 유료 버전인 ChatGPT Plus에 새로 추가된 기능인 코드 인터프리터(Code Interpreter)는 파이썬과 같은 프로그래밍 언어로 코드를 직접 짤 뿐만 아니라 가상화된 서버인 클라우드에서 직접 실행해서 ChatGPT 화면에 결과를 바로 출력해 준다. 게다가 파이썬 코드 실행 시 오류가 발생하면 스스로 오류를 해석하고 코드를 수정해 나간다.

사실 PC나 테스트 서버에서 직접 파이썬 프로그래밍을 할 수 있는 개발자는 ChatGPT의 코드 인터프리터가 그다지 쓸모 있지 않다. 그런데 파이썬 개발 환경을 갖고 있지 않거나, 그런 환경을 만드는 것 자체가 부담되는 비개발자에겐 엄청난 희소식이다.

물론 구글 코랩(Google Colab) 같은 클라우드 기반의 파이썬 실행 환경이 있다. 구글 코랩에 회원가입만 하면 웹 브라우저에서 코드를 짜고 실행할 수 있다. 그런데 이 환경에서도 결국은 코드를 짜야 하고, 비록 ChatGPT가 코드를 짜 주더라도 복사 붙여넣기 하고 오류도 잡아야 하는 불편함이 있다.

그런데 개발자든 비개발자든 코드 인터프리터를 사용하면 데이터 분석과 프로그래밍 업무를 획기적으로 구현할 수 있다. 원래 ChatGPT는 데이터 분석 논리에 매우 강하다. 거의 모든 통계적 지식과 빅데이터 분석 알고리즘을 알고 있다. 이런 통계와 알고리즘은 파이썬 프로그램으로 손쉽게 구현할 수 있다. 즉 ChatGPT와 코드 인터프리터가 만남으로써 데이터 분석의 신기원을 연 것이다.

나도 이제 데이터 과학자!

일반적으로 데이터 분석을 잘하는 사람에게 필요한 역량을 3가지로 본다. 자기 업무와 관련한 도메인의 지식을 가지고 일할 수 있는 역량, 통계 등의 관점에서 데이터를 분석할 수 있는 역량, 빅데이터를 다루기 위한 프로그래밍 역량이다. 이 3가지를 가져야만 데이터 분석의 끝판왕이라고 하는 데이터 과학자가 될 수 있다.

그런데 현실적으로 이런 역량을 한 사람이 가지기는 매우 어렵다. 그래서 도메인 전문가, 통계 전문가, 프로그래밍 전문가 등 3명 이상이 팀을 이뤄야만 제대로 데이터 분석을 하고 결과를 활용할 수 있었다. 이 때문에 비용도 많이 들고 시간도 오래 걸려서 데이터 경영이 지지부진했다. 하지만 이제 ChatGPT와 코드 인터프리터만 있으면 누구나 데이터 과학자가 될 수 있다.

코드 인터프리터는 데이터 분석 이전에 하던 데이터 전처리 문제도 쉽고 빠르게 해결해 준다. 엑셀 파일을 합치거나 엑셀 데이터를 바로잡거나 비식별화하는 모든 과정을 ChatGPT의 코드 인터프리터만으로 3분 만에 해낼 수 있게 됐다. 또한 원하는 대로 차트를 만들고 시각화할 수 있다. 일일이 옵션을 설정하지 않고 원하는 것을 대화식으로 말만 하면 알아서 차트를 만들어 준다. 여기에 더불어 이미지에서 텍스트를 읽거나 파워포인트를 만드는 등의 일도 해준다.

이런 코드 인터프리터를 월 $20달러로 사용할 수 있다. 월 $20달러만 내면 누구나 데이터 과학자가 될 수 있다는 말이다. 커피 4~5잔 가격으로 데이터 과학자에 도전해 보자.

ChatGPT에 파일을 올릴 수 있다

코드 인터프리터의 가장 큰 특징은 ChatGPT에 파일을 올릴 수 있다는 것이다. 이 기능은 기존 ChatGPT의 한계를 엄청나게 극복해 준다.

예를 들어 엑셀에 잘못된 데이터가 있어서 바로잡으려 한다고 해보자. 그러면 ChatGPT에 물어봐서 방법을 찾고, 엑셀에서 작업해야 한다. 이런 잘못된 데이터가 수십 수백 수천 개가 있다면 ChatGPT에 VBA 코드를 짜 달라고 해서 엑셀에서 VBA 편집기를 열어 실행해야 한다.

하지만 이제는 파일을 올릴 수 있으므로 엑셀 파일을 올려서 원하는 대로 수정, 가공, 변환할 수 있다. 엑셀과 ChatGPT를 왔다 갔다 할 필요가 없다.

클라우드에서 파이썬을 실행한다

일반적으로 파이썬 프로그램을 실행하려면 PC나 서버에 실행 환경을 직접 만들어야 한다. 하지만 코드 인터프리터는 가상 원격 서버인 클라우드에 파이썬 실행 환경이 구축돼 있다. 따라서 사용자가 요청을 하면 직접 파이썬 코드를 짜고, 클라우드에서 코드를 실행함으로써 엑셀 파일을 다룰 수 있다. 엑셀 파일의 데이터를 읽어서 원하는 대로 연산하고 통계를 내고 알고리즘을 적용할 수 있다.

특히 파이썬은 데이터 분석에 매우 강하므로 엑셀 데이터나 사진, 영상 같은 파일도 분석할 수 있다.

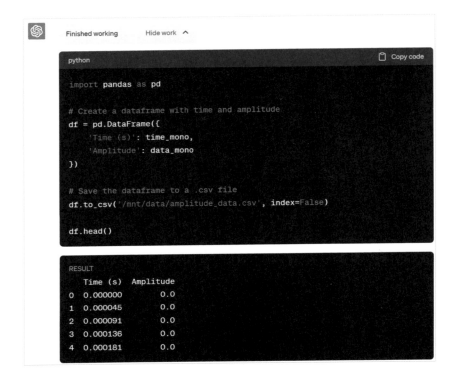

스스로 코드 오류를 수정한다

코드 인터프리터는 파이썬 코드를 작성할 수 있을 뿐만 아니라 이미 짜여진 파이썬 코드를 해석할 수도 있고, 파이썬 코드를 실행한 다음에 나타나곤 하는 오류 메시지를 이해할 수도 있다.

이 때문에 코드 인터프리터는 코드 실행 후에 오류가 발생하면 스스로 오류 메시지를 분석해서 다시 코드를 짜고 실행한다. 이런 식으로 디버깅을 반복함으로써 사용자가 원하는 결과를 이끌어낸다.

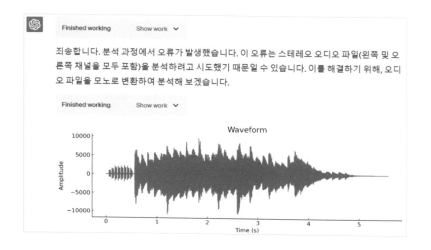

결과를 차트나 파일로 출력해 준다

파이썬은 엑셀, 파워포인트, 이미지, 영상 등 여러 형식의 파일을 생성할 수 있다. 따라서 사용자가 엑셀 파일을 올리고 데이터를 바로잡아 달라고 하면 데이터를 바로잡은 다음 엑셀에 저장하여 엑셀 파일로 출력할 수 있다.

엑셀 데이터를 읽고 차트를 이미지로 그리는 것도 가능하며, 파워포인트에 차트 이미지를 넣는 것도 가능하다. 심지어 이미지에서 텍스트를 읽거나, 여러 이미지를 합쳐서 MP4 영상을 만드는 일도 할 수 있다.

그렇다면 이제부터 코드 인터프리터를 어떻게 사용하는지 하나씩 알아보자.

2
ChatGPT
코드 인터프리터 사용하기

ChatGPT 접속

ChatGPT는 따로 설치할 필요 없이 웹 브라우저를 통해 바로 접속할 수 있다. URL은 다음과 같다.

https://chat.openai.com/

URL로 접속하면 바로 로그인 또는 회원가입을 하라고 안내한다. 회원가입은 이메일이나 구글, MS, 애플 계정으로 가능하다.

회원가입을 마치고 로그인하면 다음과 같은 화면이 나타난다. 화면 가운데에는 ChatGPT 사용과 관련한 안내가 있고 그 아래 입력창에 대화를 입력하면 된다.

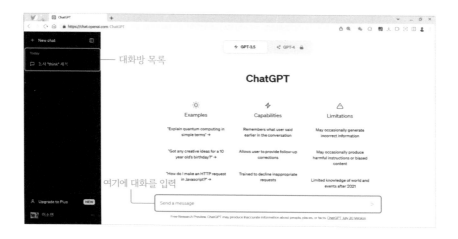

'안녕'이라고 입력하고 엔터를 치면 화면 위에 대화가 나타나고 왼쪽 위에 대화방이 만들어진다. 해당 대화방 안에서는 해당 대화 내용을 기억한다.

ChatGPT Plus로 업그레이드

화면 왼쪽 아래에 있는 [Upgrade to Plus] 메뉴를 클릭하면 유료 서비스를 안내한다. 코드 인터프리터를 사용하려면 ChatGPT Plus 플랜으로 업그레이드해야 한다.

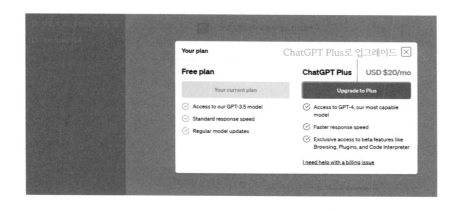

[Upgrade to Plus] 버튼을 클릭하면 신용카드 정보를 입력하는 화면이 나타난다. 여기서 해외 결제가 가능한 신용카드 정보를 입력하고 화면 아래에서 [구독하기]를 누르면 된다. 별문제가 없다면 바로 결제 알림 메일이 오고 Plus 서비스를 이용할 수 있다.

코드 인터프리터 사용 설정

ChatGPT Plus 계정으로 전환됐다면 왼쪽 아래 본인 이름을 클릭하고 나타나는 메뉴 중에 [Setting & Beta]를 클릭한다.

셋팅 대화상자가 나타나면 [Beta features] 메뉴를 클릭한 다음 Plugins 와 Code interpreter를 활성화한다.

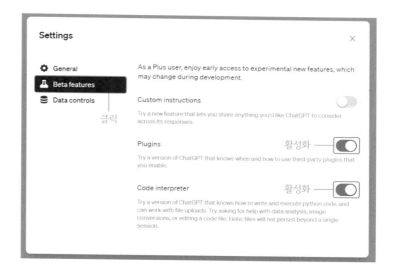

이제 메인 화면에서 GPT-4 탭에 마우스를 대면 나타나는 화면에서 Code Interpreter를 선택한다.

입력창 안에 더하기 버튼이 나타나고 이것을 클릭하면 파일을 올릴 수 있다. 2023년 8월 초 기준으로 GPT-4 currently has a cap of 50 messages every 3 hours 문구가 나타난다. 3시간마다 메시지를 50개까지로 한정한다는 말이다.

일반적인 대화는 ChatGPT 대화와 동일하다. 궁금한 것을 묻거나 원하는 것을 알려달라고 하면 된다.

코드 인터프리터가 기존 ChatGPT와 다른 것은 파일 업로드가 가능하고 파이썬 코드를 클라우드에서 실행해 준다는 것이다. 따라서 원하는 파일을 찾아 업로드한 다음 파일로 하고 싶은 것, 얻고 싶은 것, 궁금한 것 등을 물어보거나 요청하면 된다.

3

코드 인터프리터를
사용하기 전에
알아야 할 것

ChatGPT의 특성을 그대로 가지고 있다

코드 인터프리터는 ChatGPT의 기능 중 하나이고, ChatGPT 안에서 동작하므로 ChatGPT의 특성을 그대로 가지고 있다. 특히 ChatGPT가 생성 AI란 점에서 사용자의 요청에 그때그때 다른 대답을 할 수 있다는 것을 꼭 명심해야 한다.

따라서 여러분이 이 책과 똑같이 코드 인터프리터에게 요청하더라도 필자가 코드 인터프리터에게 얻은 대답이나 분석 결과와 다를 수 있다. 또한 같은 사용자가 같은 요청을 여러 번 했을 때도 대답이 각각 다를 수 있다.

ChatGPT는 정답을 알려주는 것이 아니라 최선의 추천을 하는 게 목적이므로 ChatGPT의 특성을 이해하고 코드 인터프리터를 사용하자.

베타 버전의 한계를 그대로 가지고 있다

2023년 7월 말 기준으로 코드 인터프리터는 유료 계정의 베타 기능이다. 따라서 베타 버전에서 나타날 수 있는 몇 가지 이슈가 있다.

첫째, 버그와 오류가 있을 수 있다. 베타 기능은 아직 완전히 검증되지 않았기 때문에 예상치 못한 버그나 오류가 발생할 수 있다.

둘째, 성능 문제가 있을 수 있다. 베타 기능은 서비스에 최적화되지 않았기 때문에 코딩이나 실행이 늦거나 파일이 빨리 사라지는 문제가 있을 수 있다.

셋째, 호환성 문제가 있을 수 있다. 특정 기기나 브라우저 등에서 기능이 정상적으로 작동하지 않을 수 있다.

넷째, 데이터 손실 문제가 있을 수 있다. 업로드한 파일이 작업 중에 용량 부족이나 작업 등으로 삭제될 수도 있다.

다섯째, 보안 문제가 있을 수 있다. 베타 기능은 보안 취약점을 완전히 해소하지 못했을 수 있으므로 누군가가 시스템에 침투하거나 사용자 정보를 탈취할 수 있다.

여섯째, 기능 미비가 있을 수 있다. 베타 기능은 아직 완전히 개발되지 않았으므로 사용자가 기대하는 모든 기능이 아직 구현되지 않았다.

일곱째, 참고할 정보가 부족하다. 베타 기능은 출시 전 단계이므로 안내나 참고 문서가 미비할 수 있다.

그밖에 중요한 사항도 알아보자.

외부 라이브러리를 사용할 수 없다

코드 인터프리터에는 기본 라이브러리만 설치돼 있다. 추후에 외부 라이브러리를 설치하거나 연결할 때까지는 외부 라이브러리를 사용할 수 없다.

예를 들어 한국어로 된 쇼핑몰 댓글을 분석할 때는 한국어 형태소 분석이 가능한 Kiwi, KoNLPy, Kkma, Hannanum 등의 라이브러리를 사용해야 한다. Kiwi를 사용해서 형태소 분석을 해달라고 해보자.

kiwi 라이브러리를 사용해서 형태소 분석을 해줘.

 죄송합니다. 현재 이 환경에서는 인터넷 접근이 제한되어 있기 때문에 외부 라이브러리를 새로 설치할 수 없습니다. 따라서 "kiwi" 라이브러리를 사용할 수 없습니다.

하지만, NLTK나 SpaCy와 같은 내장된 영어 형태소 분석 라이브러리를 사용할 수 있습니다. 한국어 형태소 분석을 원하시면, 'konlpy' 라이브러리를 사용할 수 있습니다. 이 라이브러리는 한국어 자연어 처리를 위해 자주 사용됩니다.

여기서는 KoNLPy를 사용할 수 있다고 한다. 하지만 사용해달라고 하면 말이 달라진다.

 KoNLPy 라이브러리를 사용해줘.

 죄송합니다, 현재 이 환경에서는 인터넷 접근이 제한되어 있기 때문에, 외부 라이브러리를 새로 설치하거나 업데이트할 수 없습니다. 그래서 konlpy와 같은 라이브러리를 사용할 수 없습니다.

하지만, 이용 가능한 내장된 라이브러리를 이용해서 텍스트 처리를 시도할 수 있습니다. 이 내장된 라이브러리들은 NLTK, SpaCy, scikit-learn, pandas, numpy 등을 포함하며 이들은 대부분의 텍스트 처리와 데이터 분석에 활용됩니다.

이 책의 출간일을 기준으로 한국어 데이터를 완벽히 분석하기는 어렵다.

외부 라이브러리를 쓸 수는 없지만 기본으로 내장된 라이브러리를 쓸 수 있다. 엑셀 파일을 다루거나 빅데이터를 분석하거나 시각화하는 것은 기본 내장 라이브러리로도 충분하다.

코드 인터프리터에 라이브러리는 계속 추가될 것이므로 추후에 사용할 때는 크게 불편하지 않을 것으로 보인다.

텍스트 분석이나 시각화 과정에서 한글을 처리하지 못 한다

외부 라이브러리 중에 한글을 처리하는 라이브러리가 내장돼 있지 않아서 한글 문제가 발생한다. 사실 브라우저에서 텍스트로 보이는 한글은 별문제가 없다. 문제는 엑셀 파일을 만들 때 파일 제목이나 시트 제목의 한글이 깨지거나, 파이썬으로 차트 같은 이미지를 그릴 때 이미지 안에 한글을 넣으면 깨진다는 것이다. OS가 윈도우인지 iOS인지에 따라서도 한글이 잘 보이거나 깨지거나 할 수 있다. 이때 앞에서 말했듯 Kiwi, KoNLPy 같은 라이브러리를 사용하면 되는데 이 라이브러리가 내장돼 있지 않고 추가도 불가능하다.

따라서 차트에 한글을 표기할 때는 영어로 바꿔서 표기해 달라고 해야 한다. 이때 한글을 영어로 표기하는 다양한 방법이 있다. 한글을 로마자 표기법에 따라 표기하는 방법이 있다. 예를 들어 "김영수"라는 이름은 "Kim Youngsoo"로 표기할 수 있다. 직접 번역하는 방법도 있고, 이름을 영어 이름으로 바꾸는 방법도 있다.

사용 횟수와 업로드 용량에 한도가 있다

코드 인터프리터는 유료로 사용하더라도 한도가 있다. 3시간에 최대 50개의 메시지만 줄 수 있다. 파일 업로드도 최대 512MB까지만 가능하다.

세션이 중간에 초기화될 수 있다

코드 인터프리터에 파일을 올린 다음 대화를 일정 시간 지속하지 않으면 세션 상태를 종료하고 초기화한다. 세션은 사용자와 시스템 간의 상호작용을 의미한다.

예를 들어 은행 사이트나 앱에 접속 후 일정 시간 이상 가만히 놓아두면 로그인 자체가 해제되곤 한다. 보안이나 기타 문제가 있기 때문이다.

코드 인터프리터도 파일을 계속 붙잡아 둘 수 없으므로 일정 시간 이상 사용자가 대화하지 않으면 파일을 삭제(하는지는 정확히 모르겠으나)할 수밖에 없고 이때 해당 파일과 관련한 세션이 끊어진다. 이 경우 파일을 다시 업로드하라고 나온다.

그런데 코드 인터프리터가 코드를 짜거나 분석하는 과정에서 시간이 지나서 세션이 초기화되는 경우가 있다. 그럴 때 다음과 같이 나온다.

 죄송합니다, 코드 실행 중에 문제가 발생했습니다. 문제가 발생한 원인은 세션 상태가 초기화되었기 때문입니다. 세션 상태를 복구하고 다시 시도해 보겠습니다.

…

죄송합니다, 앞서 발생한 세션 상태 초기화로 인해 파일에 접근할 수 없게 되었습니다. 가능하다면 파일을 다시 업로드해 주실 수 있을까요? 이 문제를 해결하기 위해선 파일이 다시 필요합니다.

이런 경우는 그냥 새 대화를 시작하는 것이 좋다. 어차피 파일을 올리면 파일을 다시 분석해야 하고, 이때 기존과 다른 방식으로 분석할 수 있기 때문이다. 깔끔하게 새로 시작하자.

파일을 찾을 수 없는 404 오류가 생길 수 있다

코드 인터프리터가 파일을 만들고 나서 다운로드 링크를 제공하는데 정작 다운로드가 안 되고 파일을 찾을 수 없다는 404 오류가 생길 때가 있다. 파일을 만들었다고 하는데 실제로는 못 만들거나, 파일을 만들었는데 경로를 잘못 주거나, 파일이 갑자기 삭제되거나 하는 등 여러 이유가 있다.

이때는 새로고침을 해서 다시 링크를 클릭하거나, 다시 파일을 만들어달라고 하자.

코드 오류를 계속 해결하지 못할 수 있다

코드 인터프리터는 코딩을 한 다음 오류가 생기면 스스로 해결한다. 그런데 해결하는 과정이 오래 걸릴 수도 있고 결국에는 해결하지 못할 수도 있다. 이때는 새로고침을 하거나 다시 요청하는 것이 낫다.

2

3분 만에
엑셀 파일 정리하기

4 _ 월별 수강생 엑셀 파일을 하나로 합치기

5 _ 엑셀의 월별 시트를 개별 파일로 나누기

6 _ 두 엑셀 파일에서 중복 수강생 찾기

7 _ 여러 엑셀 파일에서 중복 수강생 찾기

8 _ 두 회사의 재무제표 파일에서 영업수익률 비교하기

4

월별 수강생 엑셀 파일을
하나로 합치기

상황

영어학원에서 총무를 맡은 박 대리는 월별로 만든 수강생 엑셀 파일을 하나의 파일로 합치고 싶다. 이때 1월부터 12월까지 시트를 만들어서 해당 시트에 수강생을 입력하고 싶다.

데이터

📑 4.월별수강생엑셀파일을하나로합치기 〉 **1월수강생.xlsx**

챗GPT와 데이터 분석 with 코드 인터프리터

📄 4.월별수강생엑셀파일을하나로합치기 〉 **2월수강생**.xlsx

	A
1	2월수강생
2	김철수
3	장예진
4	한지현
5	김지후
6	최영철

이하 동일한 형식으로 12월수강생까지 파일이 있다.

이름

1월수강생.xlsx
2월수강생.xlsx
3월수강생.xlsx
4월수강생.xlsx
5월수강생.xlsx
6월수강생.xlsx
7월수강생.xlsx
8월수강생.xlsx
9월수강생.xlsx
10월수강생.xlsx
11월수강생.xlsx
12월수강생.xlsx

📄 4.월별수강생엑셀파일을하나로합치기 〉 **월별수강생**.zip

해결

월별수강생.zip 파일을 코드 인터프리터에 업로드하고 엑셀 파일 하나로 합쳐달라고 하자.

 📄 월별수강생.zip

파일을 하나로 합쳐서 다운로드할 수 있게 해줘.
'1월수강생' 파일의 데이터는 '1월'이란 이름의 시트에 넣어줘.
'2월수강생' 파일의 데이터는 '2월'이란 이름의 시트에 넣어줘.
이런 식으로 12월까지 데이터를 각각의 시트에 넣어줘.

먼저, 제공해주신 zip 파일을 압축 해제한 후 각각의 엑셀 파일을 하나의 워크북 으로 합쳐서 각 월별 시트를 생성하겠습니다.

각 단계는 다음과 같습니다:

    1. Zip 파일 압축 해제

    2. 각 엑셀 파일을 읽어들이기

    3. 각 파일의 데이터를 새 워크북에 월별 시트로 추가

    4. 새 워크북을 저장하고 사용자에게 제공

이 작업을 시작하겠습니다.

Finished working   Show work ✔

각 파일을 열어 새로운 엑셀 워크북에 각 월별 시트로 추가해 보겠습니다.

모든 데이터를 하나의 Excel 파일로 성공적으로 병합했습니다. 아래 링크를 클 릭하면 합쳐진 파일을 다운로드하실 수 있습니다.

다운로드 링크

다운로드 링크를 클릭하면 파일을 다운로드할 수 있다. 파일을 열면 다음 과 같이 월별 시트가 만들어지고 해당 데이터가 월별로 삽입된 것을 볼 수 있다.

간혹 한글이 깨져서 보이는 경우가 있다. 이것은 1장에서 언급한 것처럼 한글 처리가 매끄럽지 않아서 생기는 일이다. 이때는 한글이 깨진다고 얘기하 고 바로잡아 달라고 하자.

5

엑셀의 월별 시트를
개별 파일로 나누기

상황

영어학원에서 총무를 맡은 박 대리는 월별 수강생을 엑셀 파일 하나로 관리하고 있다. 이때 엑셀 파일은 월별 시트로 나뉘어져 있는데, 월별 시트를 개별 파일로 만들고 싶다.

데이터

📄 5.엑셀의월별시트를개별파일로나누기 〉 2023년월별수강자목록.xlsx

해결

코드 인터프리터에 파일을 올려서 시트별로 파일을 만들어달라고 하자.

 2023년월별수강자목록.xlsx

이 파일의 여러 시트를 개별 엑셀 파일로 만들어서 다운로드하게 해줘.
파일 이름은 시트 이름과 동일하게 해줘.

 네, 각 시트를 개별 엑셀 파일로 분리하겠습니다.

Finished working   Show work ∨

각 시트를 별도의 엑셀 파일로 성공적으로 생성했습니다. 다음은 생성된 파일들의 목록입니다:

1. 1월.xlsx

2. 2월.xlsx

3. 3월.xlsx

4. 4월.xlsx

5. 5월.xlsx

6. 6월.xlsx

7. 7월.xlsx

8. 8월.xlsx

9. 9월.xlsx

10. 10월.xlsx

11. 11월.xlsx

12. 12월.xlsx

위의 링크를 클릭하시면 각각의 파일을 다운로드 받을 수 있습니다.

파일을 압축해달라고 안 하면 이렇게 개별 파일로 다운로드할 수 있게 해
주므로 압축이 필요하면 압축해 달라고 하자.

 압축해줘.

 성공적으로 모든 엑셀 파일을 압축했습니다.

Finished working   Show work ⌄

다음 링크를 클릭하시면 압축 파일을 다운로드 받을 수 있습니다:

split_excel_files.zip

압축 파일을 열면 개별 파일을 볼 수 있다.

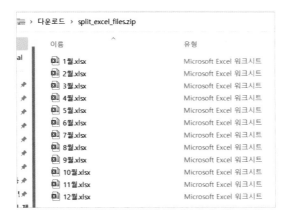

파일 이름이 월로만 되어 있어서 이상하다면 파일 이름 뒤에 '수강자목록'
을 붙여달라고 요청하면 된다.

파일 이름 뒤에 '수강자목록'을 붙여줘.

 모든 파일의 이름 뒤에 '수강자목록'을 성공적으로 추가했습니다. 다음은 이름이 변경된 파일들의 목록입니다:

> 1월수강자목록.xlsx
>
> 2월수강자목록.xlsx
>
> 3월수강자목록.xlsx
>
> …

이름이 변경된 모든 엑셀 파일을 새로운 압축 파일에 성공적으로 저장했습니다. 다음 링크를 클릭하시면 새로 생성된 압축 파일을 다운로드 받을 수 있습니다:

split_excel_files_renamed.zip

압축 파일을 풀면 이름이 바뀐 것을 볼 수 있다.

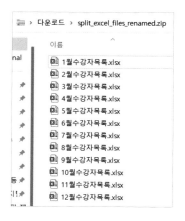

간혹 모든 파일이 아니라 특정 파일 하나의 이름만 바꿀 수도 있다. 이런 경우에는 '파일 이름 뒤에 붙여줘'라고 요청하지 말고 '모든 파일 이름 뒤에 붙여줘'라고 '모든'을 붙이면 된다.

6

두 엑셀 파일에서
중복 수강생 찾기

상황

서울 목동에서 영어학원을 운영한 지 2개월 된 박 원장은 지난 두 달 연속으로 수강한 학생에게 선물을 주고 싶다. 지난달에 수강한 학생 목록은 '1월수강생' 엑셀 파일에 있으며, 이번 달에 수강한 학생 목록은 '2월수강생' 엑셀 파일에 있다. 두 파일을 비교하면서 중복된 학생을 찾고자 한다. 참고로 수강생은 매월 30명이며, 중복 수강생은 20명이다.

데이터

📄 6.두엑셀파일에서중복수강생찾기 〉 **1월수강생.xlsx**

	A
1	1월수강생
2	이준호
3	박서연
4	김민준
5	정은지
6	손예진
7	최성준
8	윤미래
9	강동원
10	한지민
11	김태형
12	문채원
13	이승기

📄 6.두엑셀파일에서중복수강생찾기 〉 **2월수강생.xlsx**

	A
1	2월수강생
2	박지원
3	김태식
4	정지영
5	송재호
6	강민지
7	이현우
8	박윤지
9	김영철
10	조현정
11	이승현
12	문채원
13	이승기

📄 6.두엑셀파일에서중복수강생찾기 〉 **1–2월수강생.zip**

해결

엑셀에서 두 데이터를 비교해서 중복을 찾을 때는 VLOOKUP 함수나 조
건부 서식을 사용하면 된다. 예를 들어 1월 수강생 목록과 2월 수강생 목록이
같은 시트 안에 있으면 조건부 서식에서 셀 강조 규칙의 중복 값을 선택하면
된다.

중복 값 찾기에서 중복뿐 아니라 고유로 있는 값도 색을 칠해서 확인할 수 있다.

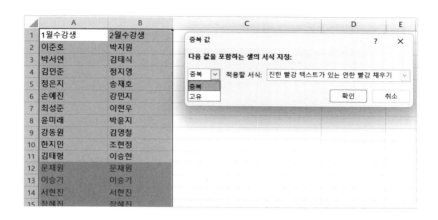

문제는 두 데이터가 다른 파일에 있을 때다. 조건부 서식을 사용하려면 일단 파일 하나로 데이터를 합쳐야 하는 번거로움이 있다. 이때 코드 인터프리터를 사용할 수 있다.

코드 인터프리터에서 파일을 올릴 때는 여러 파일을 동시에 올릴 수 있다. 파일 개수가 너무 많을 때는 zip으로 압축해서 올려도 된다. 코드 인터프리터가 알아서 압축을 풀어준다.

두 파일에 데이터는 A열에만 있으므로 A열의 데이터를 비교해서 중복을 찾아달라고 하자.

  1-2월수강생.zip

두 파일에 중복으로 나타나는 수강생을 알려줘.

파일을 받았습니다. 이제 zip 파일을 압축 해제하고 내부의 파일을 확인하겠습니다.

Finished working   Show work ∨

압축 해제한 결과, 다음 두 개의 파일이 있습니다:

1. '1월수강생.xlsx'
2. '2월수강생.xlsx'

보다시피 압축을 푼 다음 원래 파일의 목록을 보여준다.

이제 각 파일에서 데이터를 읽어오겠습니다. 이 작업을 위해 pandas라는 Python 라이브러리를 사용하겠습니다. 이 라이브러리는 데이터 분석과 조작을 위한 고성능의 도구를 제공합니다.

Finished working   Show work ∨

두 데이터 세트는 각각 '1월수강생'과 '2월수강생'이라는 열을 가지고 있습니다. 아래는 각 데이터 세트의 처음 몇 줄을 보여줍니다.

1월 수강생:

1. 이준호
2. 박서연
3. 김민준
4. 정은지
5. 손예진

2월 수강생:

1. 박지원
2. 김태식
3. 정지영
4. 송재호
5. 강민지

코드 인터프리터는 새로운 데이터가 올라오면 데이터의 첫 5행 정도를 알려준다. 이때 데이터를 일반 텍스트로 보여줄 때도 있고 코드 블록(코드를 보여줄 때 사용하는 검은 배경에 흰 글씨 스타일)에 표시해 줄 때도 있다.

이제 두 파일에 중복으로 나타나는 수강생을 찾아보겠습니다. 이를 위해 pandas의 merge 함수를 사용하겠습니다. 이 함수는 두 데이터 프레임에서 공통된 값을 찾아줍니다.

Finished working   Show work ∨

이때 코드에서 다음과 같은 오류가 발생했다.

```
MergeError: No common columns to perform merge on. Merge options: left_
on=None, right_on=None, left_index=False, right_index=False
```

하지만 코드 인터프리터는 스스로 오류 메시지를 분석해서 오류를 해결하기 시작한다.

위의 오류는 두 데이터 프레임이 공통의 열 이름을 공유하지 않기 때문에 발생합니다. 이 경우, 각 데이터 프레임의 열 이름이 서로 다르기 때문에, 'pd.merge' 함수가 어떤 열을 기준으로 병합해야 할지 알 수 없습니다.
따라서 이 문제를 해결하기 위해 우리는 'left_on'과 'right_on' 파라미터를 사용하여 어떤 열을 기준으로 병합할 것인지 명시적으로 지정해주어야 합니다. 'left_on'은 첫 번째 데이터 프레임의 병합 기준 열을, 'right_on'은 두 번째 데이터 프레임의 병합 기준 열을 지정합니다.
이 경우, 각각 '1월수강생'과 '2월수강생' 열을 병합 기준으로 설정하겠습니다.

Finished working   Show work ∨

오류를 해결한 다음 결과를 알려준다.

 두 파일에 중복으로 나타나는 수강생들은 다음과 같습니다:

1. 문채원
2. 이승기
3. 서현진
4. 장혜진
5. 박형식
6. 김소현
7. 오병인
8. 송중기
9. 남주혁
10. 이나은
11. 한예슬
12. 유아인
13. 김혜자
14. 강민아
15. 임시완
16. 박해준
17. 김다미
18. 최진리
19. 성유리
20. 하동훈

이들은 1월과 2월 모두 수강한 학생들입니다.

사실 파일 두 개 정도라면 그냥 데이터를 한 시트로 합쳐서 조건부서식을 쓰는 것이 더 빠르고 편할 수 있다. 하지만 만약 파일이 5개, 8개, 10개가 넘는다면? 파일이 수백 개라면? 이때는 코드 인터프리터를 사용하는 것이 확실히 빠르다.

7

여러 엑셀 파일에서
중복 수강생 찾기

상황

서울 목동에서 영어학원을 운영한 지 1년 된 박 원장은 지난 1년간 매달 연속으로 수강한 학생에게 선물을 주고 싶다. 1월에 수강한 학생 목록은 '1월수강생' 엑셀 파일에 있으며, 2월에 수강한 학생 목록은 '2월수강생' 엑셀 파일에 있다. 이런 식으로 1월부터 12월까지 엑셀 파일 12개가 있다. 이 파일에서 12개월 동안 중복으로 수강한 학생은 '김철수' 1명이다.

데이터

📄 7.여러엑셀파일에서중복수강생찾기 〉 1월수강생.xlsx

이하 동일한 형식으로 12월수강생까지 파일이 있다.

📄 7.여러엑셀파일에서중복수강생찾기 〉 **월별수강생.zip**

해결

월별수강생.zip으로 압축한 파일을 코드 인터프리터에 업로드하고 중복
수강생을 요청하자.

1월부터 12월까지 중복된 이름을 찾아줘.

받은 파일을 확인하고, 중복된 이름을 찾기 위해 필요한 데이터를 처리하겠습니다. 먼저, zip 파일을 압축 해제하고 어떤 파일들이 들어있는지 확인해 보겠습니다.

Finished working   Show work ∨

압축을 풀어서 얻은 파일들은 다음과 같습니다:

- '1월수강생.xlsx'
- '2월수강생.xlsx'
- '3월수강생.xlsx'
- '4월수강생.xlsx'
- '5월수강생.xlsx'
- '6월수강생.xlsx'
- '7월수강생.xlsx'
- '8월수강생.xlsx'
- '9월수강생.xlsx'
- '10월수강생.xlsx'
- '11월수강생.xlsx'
- '12월수강생.xlsx'

각 파일에서 이름을 가져와서 중복을 확인하겠습니다. 이를 위해 판다스 라이브러리를 사용하겠습니다. 먼저 '1월수강생.xlsx' 파일의 데이터를 확인해 보겠습니다.

Finished working   Show work ∨

'1월수강생.xlsx' 파일을 확인한 결과, 한 열에 학생들의 이름이 있는 것을 확인할 수 있습니다. 이제 모든 파일에서 이름을 가져와서 중복되는 이름을 찾아보겠습니다.

각 파일에서 이름을 추출한 후, 전체 이름 목록에서 중복되는 이름을 찾아내는 작업을 수행하겠습니다.

1월부터 12월까지의 수강생 중에서, '김철수'라는 이름이 중복되어 있습니다.
이 이름을 가진 수강생이 여러 개의 월에 걸쳐 등록되어 있음을 알 수 있습니다.

중복된 이름으로 '김철수'를 찾아낸 것을 확인할 수 있다.

중복된 이름을 찾는 것과 마찬가지로 특정한 사람이 몇 월에 수강했는지도
알 수 있다. 예를 들어 1월에 수강한 이재호를 찾아보자.

이재호는 몇 월에 수강했지?

'이재호'라는 이름을 가진 수강생은 1월에 수강했습니다.

앞 대화에서 Show work ∨ 를 클릭하면 코드창이 열리면서 코드가 보인다.

```python
# Name to search
search_name = "이재호"

# Months where the student attended
attended_months = []

# Iterate over each file and check if the name is present
for file in files_in_dir:
    if file.endswith(".xlsx"):
        file_path = "/mnt/data/" + file
        df = pd.read_excel(file_path)
        names = df.iloc[:,0].tolist() # Assuming names are in the first column
```

코드 맨 앞에서
이재호를 검색어로 지정

```
    .if search_name in names:
        # Extract the month from the filename
        month = file.split("월")[0]
        attended_months.append(month)

attended_months
```

코드 맨 앞에서 '이재호'를 검색어로 지정한 것을 볼 수 있다.

```
RESULT
['1ᄀ •᷂ ⚘¡ᄁ².xlsx']
```

결과는 한글 깨짐 현상이 발생했지만 1월인 것을 알 수 있다.

8

두 회사의
재무제표 파일에서
영업수익률 비교하기

상황

경영컨설팅 기업에서 일하는 홍 사원은 네이버와 카카오, 두 회사의 영업수익을 비교하는 그래프를 만들어야 한다. 데이터는 금융감독원이 운영하는 전자공시시스템 DART(Data Analysis, Retrieval and Transfer System)에 올라온 재무제표 파일이다. DART는 상장법인 등이 공시서류를 인터넷으로 제출하고, 투자자 등 이용자는 기업을 검색해서 사업보고서 등 다양한 서류를 조회할 수 있도록 도와주는 국가 서비스다. 일단 DART에 접속한다.

https://dart.fss.or.kr/

회사명/종목코드 입력란에 '네이버'를 입력하고, 공시 유형은 '정기공시'를 선택한 다음 [검색] 버튼을 누른다.

사업보고서는 연간, 반기, 분기 등으로 나뉜다.

연간 사업보고서를 클릭하면 사업보고서 목차와 표지가 나타난다. 여기서 다운로드를 클릭한다.

다운로드 화면에서는 재무제표 엑셀 파일을 따로 다운로드할 수 있다.

같은 방식으로 카카오도 검색해서 재무제표 파일을 다운로드한다.

데이터

- 📑 8.두회사의재무제표파일에서영업수익을비교하기 〉 **[NAVER]사업보고서_재무제표 (2023.03.14)_ko.xls**

- 📑 8.두회사의재무제표파일에서영업수익을비교하기 〉 **[카카오]사업보고서_재무제표 (2023.03.20)_ko.xls**

- 📑 8.두회사의재무제표파일에서영업수익을비교하기 〉 **사업보고서**.zip

엑셀 파일은 기본정보, 연결 재무상태표, 연결 포괄손익계산서 등 여러 시트로 구성돼 있다. 연결 포괄손익계산서 시트는 DART에 올라온 문서 형식으로 되어 있다.

	A	B	C	D	E
1					
2	문서정보				
3	보고서 유형 : 사업보고서	정정공시여부 : 아니오			
4					
5					
6	문서작성일 : 2023-03-07	비교표시 재무제표 작성여부 : 아니오			
7	구분	당기(당분기, 당반기)	전분(반)기	전기	전전기
8	기수	24		23	22
9	회계기간시작일	2022-01-01		2021-01-01	2020-01-01
10	회계기간종료일	2022-12-31		2021-12-31	2020-12-31
11	재무제표 재작성 여부	아니오		아니오	아니오
12					
13					
14					
15	구분	당기(당분기, 당반기)	전분(반)기	전기	전전기
16	연결 감사구분	감사		감사	감사
17	연결 감사인명	한영회계법인		삼일회계법인	삼일회계법인

‹ › 기본정보 연결 재무상태표 연결 포괄손익계산서 연결 자본변동표 연결 현금흐름 ⋯ + ⋮ ◀

	A	B	C	D
1				
2		연결 포괄손익계산서		
3		제 24 기 2022.01.01 부터 2022.12.31 까지		
4		제 23 기 2021.01.01 부터 2021.12.31 까지		
5		제 22 기 2020.01.01 부터 2020.12.31 까지		
6				(단위 : 원)
7		제 24 기	제 23 기	제 22 기
8	영업수익 (주34)	8,220,078,708,810	6,817,599,707,250	5,304,145,900,386
9	영업비용 (주24)	(6,915,414,298,267)	(5,492,121,536,133)	(4,088,803,443,113)
10	영업이익	1,304,664,410,543	1,325,478,171,117	1,215,342,457,273
11	기타수익 (주25)	310,571,804,200	52,722,438,756	43,356,685,840
12	기타비용 (주25)	375,658,237,080	232,866,247,091	118,822,813,655
13	이자수익	59,164,658,931	20,004,490,256	15,997,193,160
14	금융수익 (주26)	619,735,977,200	765,693,953,525	508,563,848,219
15	금융비용 (주26)	931,522,674,095	349,334,091,066	146,432,800,279
16	지분법손익 (주14)	96,761,151,453	544,701,156,204	115,554,340,355
17	법인세비용차감전순이익	1,083,717,091,152	2,126,399,871,701	1,633,558,910,913

‹ › 기본정보 연결 재무상태표 연결 포괄손익계산서 연결 자본변동표 연결 현금흐름 ⋯ + ⋮ ◀

해결

두 엑셀 파일을 압축한 사업보고서.zip을 코드 인터프리터에 올린 다음 연결 포괄손익계산서에서 영업수익을 찾아 보여달라고 하자.

사업보고서.zip

두 회사의 연결 포괄손익계산서에서 영업수익을 찾아 비교해줘

받은 파일이 ZIP 형태이므로 먼저 압축을 해제하겠습니다. 그런 다음, 해당 파일에서 연결 포괄손익계산서의 영업수익 정보를 찾을 수 있도록 하겠습니다.

이제 두 회사의 영업수익을 비교할 수 있습니다. 첫 번째 파일에서 '영업수익'을, 두 번째 파일에서 '영업수익 (주34)'을 찾아 해당 값을 가져오겠습니다.

Finished working   Show work ﹀

다음은 두 회사의 연결 포괄손익계산서에서 찾은 영업수익입니다:

첫 번째 회사:

- 제 28 기 (2022년): 7,106,836,860,945 원
- 제 27 기 (2021년): 6,136,669,167,665 원
- 제 26 기 (2020년): 4,156,816,120,723 원

두 번째 회사 (NAVER):

- 제 24 기 (2022년): 8,220,078,708,810 원
- 제 23 기 (2021년): 6,817,599,707,250 원
- 제 22 기 (2020년): 5,304,145,900,386 원

이 정보를 바탕으로 두 회사의 영업수익을 비교하면, 두 회사 모두 매년 영업수익이 증가하는 추세를 보이고 있습니다. 특히, 두 번째 회사 (NAVER)의 영업수익이 첫 번째 회사보다 더 높습니다. 그러나 이는 단순히 수치적인 비교일 뿐, 회사의 전반적인 성과를 평가하는 데는 다른 재무 지표들도 함께 고려해야 합니다.

코드 인터프리터가 영업수익을 잘 찾아서 보여준다. 웬만한 데이터는 이해하고 읽을 수 있으니 이제 영업수익률을 계산해달라고 해보자. 영업수익률은 영업수익에서 영업비용을 뺀 것이다.

두 회사의 영업수익률을 계산해줘.

 영업수익률은 영업이익을 영업수익으로 나눈 후 100을 곱한 값입니다. 이는 회사가 얼마나 효율적으로 운영되고 있는지를 나타내는 지표입니다.

영업이익은 '영업수익'에서 '영업비용'을 뺀 값입니다. 이를 통해 영업수익률을 계산하겠습니다.

먼저 첫 번째 회사의 영업이익률을 계산하겠습니다.

> Finished working   Show work ∨

첫 번째 회사의 영업이익률은 다음과 같습니다:

- 제 28 기 (2022년): 약 8.17%
- 제 27 기 (2021년): 약 9.69%
- 제 26 기 (2020년): 약 10.97%

다음으로 두 번째 회사의 영업이익률을 계산하겠습니다.

> Finished working   Show work ∨

두 번째 회사 (NAVER)의 영업이익률은 다음과 같습니다:

- 제 24 기 (2022년): 약 15.87%
- 제 23 기 (2021년): 약 19.44%
- 제 22 기 (2020년): 약 22.91%

따라서 두 회사의 영업이익률을 비교해 보면, 두 번째 회사 (NAVER)가 첫 번째 회사보다 더 높은 영업이익률을 보이고 있습니다. 이는 두 번째 회사가 영업 활동에서 더 효율적으로 수익을 창출하고 있다는 것을 의미할 수 있습니다. 그러나 이 역시 단순히 수치적인 비교일 뿐, 회사의 전반적인 성과를 평가하는 데는 다른 재무 지표들도 함께 고려해야 합니다.

영업이익률 계산도 정확히 하고 있다. 보기 좋게 표로 보여달라고 하자.

연도별 영업이익률을 표로 보여줘

 Finished working   Show work ∨

다음은 두 회사의 영업이익률을 나타내는 표입니다:

연도	첫 번째 회사	두 번째 회사(NAVER)
2022	8.17%	15.87%
2021	9.69%	19.44%
2020	10.97%	22.91%

이 표에서 볼 수 있듯이, 두 번째 회사 (NAVER)의 영업이익률이 첫 번째 회사보다 더 높습니다.

표로 잘 보여준다. 그런데 추이를 보려면 연도와 회사 위치를 바꾸는 것이 좋다. 행렬을 바꿔 달라고 하자.

 행렬을 바꿔줘.

 Finished working   Show work ∨

다행과 열을 바꾼 표는 다음과 같습니다:

회사	2022	2021	2020
첫 번째 회사	8.17%	9.69%	10.97%
두 번째 회사(NAVER)	15.87%	19.44%	22.91%

3

3분 만에
엑셀 데이터 정리하기

9 _ 잘못된 휴대폰 번호 바로잡기

10 _ 빠진 데이터 채워 넣기

11 _ 잘못된 수식 바로잡기

12 _ 보안 데이터 비식별화하기

13 _ 테스트 데이터 만들기

9

잘못된 휴대폰 번호
바로잡기

상황

이벤트 대행사에서 일하는 민 주임은 이벤트에 참가한 고객에게 연락처와 주소 등을 묻는 구글 설문 링크를 보냈다. 그런데 많은 고객이 휴대폰 번호 적는 칸에 휴대폰 번호를 제 맘대로 적거나, 구분 기호를 안 적거나 /와 같은 다른 기호를 사용했다. 심지어 번호 끝에 점을 찍거나 한 경우도 있었다.

민 주임은 휴대폰 번호를 대량 문자 발송 시스템에 업로드해야 하기 때문에 일일이 휴대폰 번호를 정리해야 했다. 이것을 한 번에 해결할 수는 없을까?

데이터

📄 9.잘못된휴대폰번호바로잡기 〉 **이벤트참가자연락처.xlsx**

	A	B	C
1	타임스탬프	이름	휴대폰 번호
2	2023-01-09	김유진	010-5432-9876
3	2023-01-09	송재호	01088881111
4	2023-01-09	이지아	010-33337777
5	2023-01-09	박예진	010-2468-1357.
6	2023-01-10	장성우	010 9876 5432-
7	2023-01-10	한승민	010-7777-5555
8	2023-01-10	김태연	01011112222
9	2023-01-10	윤혜진	010-4444-8888
10	2023-01-12	류승현	010-1234-5678
11	2023-01-13	임하늘	010/8765/4321

해결

일단 무조건 ChatGPT에 파일을 올리고 바로잡아 달라고 하자.

  📄 이벤트참가자연락처.xlsx

휴대폰 번호를 바로잡아줘.

 Finished working   Show work ⌄

엑셀 파일을 확인해 보니, "휴대폰 번호" 열의 데이터가 일관되지 않은 것 같습니다. 일부는 하이픈(-)이 있는 010-xxxx-xxxx 형식이고, 일부는 공백 없이 010xxxxxxxx 형식이며, 또 일부는 점(.)이나 공백이 추가되어 있습니다.

이러한 문제를 해결하기 위해, 휴대폰 번호를 표준화한 형식인 010-xxxx-xxxx 으로 변환하겠습니다. 이때, 기존 번호가 11자리가 아닌 경우에는 변환 과정에서 문제가 발생할 수 있으니, 이런 경우에는 원본 번호를 그대로 유지하도록 하겠습니다.

그럼 이제 변환 작업을 시작하겠습니다.

휴대폰 번호를 표준화한 결과는 다음과 같습니다. 이제 모든 번호가 010-xxxx-xxxx 형식으로 표시되고 있습니다.

```python
         타임스탬프      이름    휴대폰 번호                      이메일
0  2023-01-09  20:14:41.494  김유진  010-5432-9876  vitaminq42@gmail.com
1  2023-01-09  22:07:57.855  송재호  010-8888-1111     wtoday@naver.com
2  2023-01-09  22:11:44.778  이지아  010-3333-7777  samueljones44@example.com
3  2023-01-09  22:52:20.704  박예진  010-2468-1357  emilywhite21@example.com
4  2023-01-10  13:06:25.163  장성우  010-9876-5432  davidlee88@example.com
```

엑셀로 확인해 보자.

엑셀로 만들어줘. 휴대폰 번호 오른쪽에 열을 추가해서, 변경된 휴대폰 번호를 넣어줘.

Finished working   Show work ⌄

요청하신 대로 엑셀 파일을 만들었습니다. 원래의 휴대폰 번호를 유지하면서, 변경된 휴대폰 번호를 새로운 열로 추가하였습니다.

변경된_이벤트참가자연락처.xlsx 다운로드

파일을 열어보면 휴대폰 번호와 변경된 휴대폰 번호 열이 있고 휴대폰 번호가 바로잡아진 것을 볼 수 있다.

	A	B	C	D
1	타임스탬프	이름	휴대폰 번호	변경된 휴대폰 번호
2	2023-01-09 20:14:41	김유진	010-5432-9876	010-5432-9876
3	2023-01-09 22:07:58	송재호	01088881111	010-8888-1111
4	2023-01-09 22:11:45	이지아	010-33337777	010-3333-7777
5	2023-01-09 22:52:21	박예진	010-2468-1357.	010-2468-1357
6	2023-01-10 13:06:25	장성우	010 9876 5432-	010-9876-5432
7	2023-01-10 18:34:03	한승민	010-7777-5555	010-7777-5555
8	2023-01-10 19:11:09	김태연	01011112222	010-1111-2222
9	2023-01-10 23:16:22	윤혜진	010-4444-8888	010-4444-8888
10	2023-01-12 11:03:52	류승현	010-1234-5678	010-1234-5678
11	2023-01-13 07:29:14	임하늘	010/8765/4321	010-8765-4321
12	2023-01-13 10:48:11	강주원	010-2596-8741	010-2596-8741

10

빠진 데이터
채워 넣기

상황

중소기업 인사팀 박 대리는 최근 주4일 근무를 검토하고 있다. 사장이 주5일 근무에서 주4일 근무로 근무 시간을 변경했을 때 어떤 영향이 있는지 보고하라고 했기 때문이다. 그래서 일단 직원 100명의 근무 시간이 얼마나 되는지부터 확인해야 했다.

일단 사옥 출입 시스템에서 출퇴근 시간을 엑셀로 다운로드했다. 그런데 중간중간에 퇴근 시간이 비어 있었다. 사옥에 출입할 때는 반드시 사원 카드를 찍어야 하지만, 퇴근할 때는 출입문이 종종 열려 있어서 사원 카드를 찍지 않은 탓이다.

박 대리는 비어 있는 퇴근 시간을 채워 넣어야 하는지, 아니면 퇴근 시간이 비어 있는 행은 삭제해야 하는지 결정하기가 어렵다.

데이터

📄 10.빠진데이터집어넣기 〉 출퇴근대장.xlsx

	A	B	C	D	
1	사번	출근시간	퇴근시간	근무시간	
2	955229	2023-07-01 10:48:00			← 빠진 데이터
3	622967	2023-07-01 10:12:00	2023-07-01 17:56:00	07:44	
4	716059	2023-07-01 09:53:00	2023-07-01 18:38:00	08:45	
5	886261	2023-07-01 09:46:00	2023-07-01 16:06:00	06:20	
6	724083	2023-07-01 08:28:00			← 빠진 데이터
7	665965	2023-07-01 08:03:00	2023-07-01 20:24:00	12:21	
8	147058	2023-07-01 09:25:00	2023-07-01 17:57:00	08:32	
9	515036	2023-07-01 08:20:00	2023-07-01 18:27:00	10:07	
10	179161	2023-07-01 09:52:00	2023-07-01 22:07:00	12:15	
11	981536	2023-07-01 10:53:00	2023-07-01 19:06:00	08:13	
12	301138	2023-07-01 09:02:00			← 빠진 데이터
13	529124	2023-07-01 08:32:00	2023-07-01 17:52:00	09:20	

해결

뭐든 잘 모를 때는 파일을 올려 놓고 코드 인터프리터에 물어보면 된다.

 출퇴근대장.xlsx

퇴근 시간에 빠진 데이터가 있다. 어떻게 채워 넣는 것이 좋을까?

Finished working   Show work ⌄

데이터를 확인해 보니, 일부 퇴근시간과 근무시간 데이터가 누락되어 있습니다. 이런 경우 다음과 같은 방법들을 고려해 볼 수 있습니다:

- 삭제: 누락된 데이터가 있는 행을 완전히 삭제할 수 있습니다. 하지만 이 방법은 중요한 정보를 잃을 수 있으므로, 데이터가 충분하고 누락된 정보가 중요하지 않을 때만 사용하는 것이 좋습니다.
- 평균, 중앙값, 최빈값으로 채우기: 근무시간의 평균, 중앙값 또는 최빈값을 계산하여 누락된 값을 채울 수 있습니다. 이는 근무시간이 일정한 직무에 적합합니다.

- 보간: 시간에 따른 데이터 패턴이 있는 경우, 보간법을 사용하여 누락된 값을 추정할 수 있습니다.
- 회귀, 머신러닝: 이는 복잡한 방법이지만, 다른 변수들과의 관계를 사용하여 누락된 값을 예측합니다.
- 다른 직원의 데이터를 참조: 같은 업무를 하는 다른 직원의 데이터를 참조하여 누락된 값을 채울 수 있습니다. 하지만 이 방법도 그 직원의 근무 패턴이 비슷한 경우에만 유효할 것입니다.

이 중 어떤 방법을 선호하시나요? 그리고 추가적으로 알아야 할 정보가 있으면 알려주세요.

이렇게 우리에게 방법을 선정하라고 물어오면 선택 장애에 걸릴 것 같다. 이럴 때는 굳이 괜찮은 방법을 결정하려고 하지 말고 코드 인터프리터에 물어보자.

 어떤 방법이 가장 좋을까?

 데이터 채우기에 가장 적합한 방법은 데이터의 특성과 우리가 해결하려는 문제에 따라 다릅니다.

이 경우, 출퇴근 시간 데이터가 있으므로, 같은 직원의 다른 날의 데이터나 같은 시간대에 출근한 다른 직원의 데이터를 참조하여 보간하는 방법이 가장 유효할 수 있습니다.

퇴근시간이 누락된 경우, 해당 직원의 다른 날의 평균 퇴근시간을 사용하거나, 출근시간이 비슷한 다른 직원의 퇴근시간을 참조하는 방법이 있습니다.

또한, 근무시간이 누락된 경우에는 출근시간과 퇴근시간의 차이를 계산하여 채울 수 있습니다. 퇴근시간이 누락되어 이를 계산할 수 없는 경우, 해당 직원의 다른 날의 평균 근무시간을 사용하거나, 출근시간이 비슷한 다른 직원의 근무시간을 참조하는 방법을 사용할 수 있습니다.

그러나 어떤 방법이 가장 적합한지 결정하기 위해서는 먼저 누락된 데이터의 패턴을 살펴봐야 합니다. 일부 직원의 데이터만 누락되었는지, 아니면 모든 직원의 데이터가 일정한 패턴으로 누락되었는지 등을 파악해야 합니다.

그래서 먼저 데이터에 어떤 패턴의 결측치가 있는지 살펴보겠습니다.

ChatGPT는 일단 데이터의 패턴을 보고 어떤 방법을 선택할지 결정하려고 한다. 계속 보자.

Finished working   Show work ∨

데이터를 확인한 결과, '퇴근시간'과 '근무시간' 열에서 각각 20개의 결측치가 발견되었습니다. 이제 누락된 데이터가 특정 직원에게만 발생하는지, 아니면 모든 직원에게 고르게 분포되어 있는지 확인해 보겠습니다.

Finished working   Show work ∨

결측치가 있는 사원은 총 20명입니다. 각각의 사원이 퇴근시간과 근무시간 데이터를 한 번씩 누락한 것으로 보입니다. 이런 경우, 해당 사원의 다른 날짜의 데이터를 참조하여 퇴근시간을 보간하는 것이 한 가지 방법입니다.

또 다른 방법은 같은 날 출근시간이 비슷한 다른 사원들의 퇴근시간을 참조하는 것입니다. 그러나 이 경우에는 해당 사원들이 비슷한 업무를 수행하고, 근무 시간이 비슷해야 하며, 이 정보가 데이터에 포함되어 있지 않기 때문에 이 방법은 적용하기 어려울 수 있습니다.

따라서 이 경우에는 각 사원의 다른 날의 평균 퇴근시간을 이용하여 결측치를 채우는 것이 가장 적절할 것으로 보입니다. 또한 근무시간은 출근시간과 퇴근시간의 차이를 이용하여 계산할 수 있습니다.

다른 날의 평균 퇴근 시간을 이용해서 빠진 데이터, 즉 결측치를 채우려고 한다. 하지만 데이터는 다른 날의 출퇴근 시간이 없다. ChatGPT는 어떻게 해결할까?

데이터를 처리하는 과정에서 여전히 문제가 있어서 결측치를 채우지 못했습니다. 결측치 처리에 문제가 있는 것 같으니, 다른 방법을 적용해 보겠습니다.

이번에는 다음과 같은 방법을 적용해 보겠습니다:

- 각 사원의 퇴근시간이 없는 경우, 전체 사원의 평균 퇴근시간으로 대체합니다.

이 방법은 최선의 방법이 아닐 수 있지만, 결측치가 너무 많아서 다른 방법을 적용하기 어려울 때 사용할 수 있는 방법입니다.

이 방법으로 결측치를 채워 보겠습니다.

Finished working   Show work ∨

이제 결측치를 성공적으로 채웠습니다. 각 사원의 평균 퇴근시간이 계산 가능한 경우에는 그 값을 사용하고, 그렇지 않은 경우에는 전체 사원의 평균 퇴근시간을 사용하였습니다. 그리고 '근무시간' 열은 '출근시간'과 '퇴근시간'의 차이로 계산하였습니다.

다만 이 방법은 결측치를 처리하는 한 가지 방법일 뿐, 최선의 방법은 아닐 수 있습니다. 결측치 처리 방법은 데이터의 특성과 분석 목적에 따라 달라질 수 있습니다. 따라서 이 결과를 사용하기 전에 이 점을 고려해야 합니다.

엑셀 파일로 만들어서 확인해 보자.

엑셀로 만들어줘.

Finished working   Show work ∨

결측치가 채워진 데이터를 엑셀 파일로 저장하였습니다. 아래 링크를 클릭하면 파일을 다운로드 받을 수 있습니다:

다운로드 링크

챗GPT와 데이터 분석 with 코드 인터프리터

파일을 열면 결측치가 평균 퇴근시간으로 채워진 것을 볼 수 있다. 근무시간도 계산된 것을 볼 수 있다.

	A	B	C	D
1	사번	출근시간	퇴근시간	근무시간
2	955229	2023-07-01 10:48:00	2023-07-01 19:59:10	09:11
3	622967	2023-07-01 10:12:00	2023-07-01 17:56:00	07:44
4	716059	2023-07-01 09:53:00	2023-07-01 18:38:00	08:45
5	886261	2023-07-01 09:46:00	2023-07-01 16:06:00	06:20
6	724083	2023-07-01 08:28:00	2023-07-01 19:59:10	11:31
7	665965	2023-07-01 08:03:00	2023-07-01 20:24:00	12:21
8	147058	2023-07-01 09:25:00	2023-07-01 17:57:00	08:32
9	515036	2023-07-01 08:20:00	2023-07-01 18:27:00	10:07
10	179161	2023-07-01 09:52:00	2023-07-01 22:07:00	12:15
11	981536	2023-07-01 10:53:00	2023-07-01 19:06:00	08:13
12	301138	2023-07-01 09:02:00	2023-07-01 19:59:10	10:57
13	529124	2023-07-01 08:32:00	2023-07-01 17:52:00	09:20

11
잘못된 수식 바로잡기

상황

영어학원에서 총무를 맡은 박 대리는 수강생별로 수강 기간에 따라 할인율을 적용해서 수강료를 알려준다. 이때 할인율에 따른 수강료를 관리하기 위해 엑셀에 수강생별로 공식 수강료와 할인율, 할인 수강료를 계산해서 관리하고 있다.

그런데 평소에 엑셀을 관리할 일이 많았던 박 대리는 할인율을 확인하다 그만 실수로 할인 수강료 연산 수식에서 다음과 같이 셀을 잘못 지정했다.

	A	B	C	D
1	수강생	공식수강료	할인율	할인수강료
2	김철수	100,000	0%	100,000
3	김영희	100,000	10%	90,000
4	이순신	100,000	20%	80,000
5	홍길동	100,000	30%	70,000
6	이영미	100,000	10%	=B6*(1-C7)
7	최은지	100,000	20%	80,000
8	김우진	100,000	30%	70,000
9	김현정	100,000	0%	100,000

그런데 이 경우는 엑셀이 알아서 찾아준다. 다음 그림처럼 일치하지 않는 수식이 있으면 셀 왼쪽 위에 삼각형 표시가 뜨게 되어 있다.

일치하지 않는 수식이 있으면
셀 왼쪽 위에 삼각형 표시가 나온다.

해당 셀을 선택하면 위아래 다른 수식과 일치하지 않는다고 나오므로 이런 오류는 쉽게 찾아낼 수 있다.

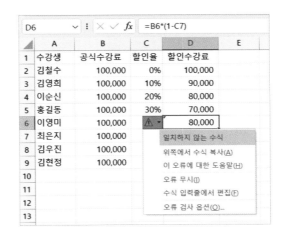

그런데 셀 하나가 아니라 그 이후 셀도 모두 한 칸 아래의 할인율을 선택했다면 오류가 나타나지 않는다. 다음 그림에서 6~9행의 할인수강료가 모두 잘못 계산된 것을 볼 수 있다. 박 대리는 이 문제를 해결하고 싶다.

	A	B	C	D
1	수강생	공식수강료	할인율	할인수강료
2	김철수	100,000	0%	100,000
3	김영희	100,000	10%	90,000
4	이순신	100,000	20%	80,000
5	홍길동	100,000	30%	70,000
6	이영미	100,000	10%	80,000
7	최은지	100,000	20%	70,000
8	김우진	100,000	30%	100,000
9	김현정	100,000	0%	100,000

데이터

📄 11.잘못된수식바로잡기 〉 **수강료관리대장**.xlsx

	A	B	C	D
1	수강생	공식수강료	할인율	할인수강료
2	김철수	100,000	0%	100,000
3	김영희	100,000	10%	90,000
4	이순신	100,000	20%	80,000
5	홍길동	100,000	30%	70,000
6	이영미	100,000	10%	=B6*(1-C7)
7	최은지	100,000	20%	70,000
8	김우진	100,000	30%	100,000
9	김현정	100,000	0%	100,000

6번 행 이후 수식은 모두 잘못됐다.

해결

코드 인터프리터에 파일을 올린 다음 잘못된 수식을 찾아 바로잡아달라고
하자.

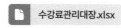 수강료관리대장.xlsx

수식이 잘못된 것을 찾아서 바로잡은 다음 엑셀 파일로 다운로드하게 해줘.

 Finished working Show work ⌄

데이터를 살펴보니, '수강생', '공식수강료', '할인율', '할인수강료'의 네 가지 열이 있습니다. '할인수강료'는 '공식수강료'에 '할인율'을 적용한 값으로 보입니다.

그런데 '이영미'의 경우 할인율이 0.1임에도 불구하고, 할인수강료가 80000로 잘못 기록되어 있습니다. 할인율을 적용한 후의 수강료는 90000이 되어야 합니다.

할인수강료 계산이 잘못된 첫 번째 행(이영미)을 찾은 것을 볼 수 있다. 코드 인터프리터가 할인수강료를 수정하고 다른 행도 살펴본다.

 이를 수정하고, 다른 수강생의 정보도 확인해 보겠습니다.

Finished working Show work ⌄

할인 수강료를 다시 계산한 결과를 확인하니, 모든 수강생의 할인 수강료가 정확하게 계산된 것을 확인할 수 있습니다. 이제 수정된 데이터를 엑셀 파일로 다시 저장하겠습니다.

Finished working Show work ⌄

수정된 파일을 성공적으로 저장했습니다. 다음 링크를 통해 수정된 엑셀 파일을 다운로드하실 수 있습니다:

수강료관리대장_수정.xlsx 다운로드

파일을 다운로드해서 열어보면 다음 그림처럼 수정된 데이터로 나온다.

그런데 문제가 있다. 할인수강료에 수식이 사라지고 값만 입력된 것이다. 세 자리 숫자에 콤마를 붙인 회계 형식도 사라졌다. 이 문제를 해결하기 위해 수식을 유지해달라고 해보자.

 수식을 유지해줘.

 아, 엑셀에서 수식을 유지하고 싶으신 거군요. 제가 데이터프레임을 다루면서 수식을 실제 값으로 변환해버렸습니다. 이럴 경우, 엑셀에서 수식을 유지하려면 다르게 접근해야 합니다.

하지만, 현재 제 능력으로는 엑셀 파일 내부의 수식을 유지하면서 오류를 수정하는 것이 불가능합니다. 대신, 엑셀에서 사용할 수 있는 수식을 제공해드릴 수 있습니다.

'할인수강료' 열을 계산하는 수식은 다음과 같습니다:

할인수강료 = 공식수강료 × (1 – 할인율)

이 수식을 엑셀의 '할인수강료' 열에 직접 적용하시면 됩니다. 이렇게 하면 엑셀 파일 내의 수식이 유지됩니다.

수식을 유지하기가 어렵다고 나온다. 하지만 프로그래밍에서 불가능한 것은 아니다. 파이썬 코드에서 할인수강료 열에 계산 결과 대신 수식을 문자열로 넣으면 된다. 다음과 같이 다시 요청해 보자.

챗GPT와 데이터 분석 with 코드 인터프리터

할인수강료 열에 계산 수식을 넣어서 다시 줘.

```
import openpyxl as px
...
# Add the formula to the '할인수강료' column
for row in range(data_row_start, len(df) + data_row_start):
  sheet.cell(row=row, column=4, value=f"=(B{row}*(1-C{row}))")

# Save the Excel workbook
writer.save()
...
```

'할인수강료' 열에 계산 수식을 넣어 엑셀 파일을 다시 저장했습니다. 다음 링크를 통해 수정된 엑셀 파일을 다운로드 받으실 수 있습니다:

수강료관리대장_수정_수식.xlsx 다운로드

파이썬 코드를 보면 B{row}*(1-C{row}) 수식이 4번째 열에 입력되도록 코딩된 것을 볼 수 있다. 파일을 다운로드해서 열어보면 다음과 같이 수식이 적용된 것을 확인할 수 있다.

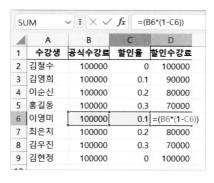

12

보안 데이터
비식별화하기

상황

판교에서 스타트업을 하는 이 대표는 직원에게 보너스를 주기 위해 엑셀로
정리를 했다. 그런데 이 데이터를 주요 부서 몇몇 팀장에게 공유해야 하는데
아무래도 일반 직원에게 파일이 새어 나가면 문제가 생길 것 같다. 전에도 팀
장에게 회사 현금 흐름을 엑셀로 공유했다가 몇몇 직원이 그 파일을 몰래 보
고 있는 것을 발견했다.

엑셀 파일이다 보니 사내에서 돌아다니는 것을 원천적으로 막을 수는 없지
만, 엑셀 파일을 봐도 누가 누군지 모르게 하는 것은 가능할 것 같다. 어떻게
하면 될까?

데이터

📑 12.보안데이터비식별화하기 〉 **직원별보너스대장.xlsx**

	A	B	C	D
1	사번	이름	성과점수	보너스(단위: 천 원)
2	170001	김정훈	6	6000
3	170002	이동현	1	1000
4	170003	오서영	4	4000
5	170004	김순자	4	4000
6	170005	박상호	8	8000
7	170006	최지혜	10	10000
8	170007	오민서	4	4000
9	170008	김현우	6	6000
10	170009	이미영	3	3000
11	170010	김영환	5	5000
12	170011	손경숙	8	8000

해결

어떻게 해야 할지 잘 모를 때는 무조건 ChatGPT에게 물어보면 된다. 파일을 업로드하고 비식별화하고 싶다고 하자.

  직원별보너스대장.xlsx

이 데이터를 비식별화하고 싶다.

 데이터를 확인하기 위해 먼저 엑셀 파일을 열어보겠습니다. 이렇게 하면 어떤 데이터가 포함되어 있는지 파악하고, 어떻게 비식별화를 진행할 것인지 결정할 수 있습니다.

Finished working   Show work ⌄

이 데이터에는 4개의 열이 있습니다: "사번", "이름", "성과점수", "보너스(단위: 천 원)"입니다. 일반적으로 비식별화를 진행하는 경우, 개인을 식별할 수 있는 정보를 삭제하거나 변경해야 합니다. 이 데이터에서는 "사번"과 "이름"이 개인을 식별할 수 있는 정보에 해당합니다.

비식별화 방법에는 여러 가지가 있습니다:

- 삭제(Dropping): 가장 간단한 방법은 식별 가능한 정보를 담고 있는 열을 완전히 삭제하는 것입니다. 하지만 이 경우 해당 정보를 이용한 분석이 불가능해집니다.
- 마스킹(Masking): 식별 가능한 정보를 다른 값으로 대체합니다. 예를 들어, 이름을 이니셜로 변경하거나, 사번을 임의의 번호로 대체할 수 있습니다.
- 일반화(Generalization): 식별 가능한 정보를 더 넓은 범주로 대체합니다. 예를 들어, 나이를 연령대로 변경하는 것입니다. 이 경우에는 적용할 수 있는 부분이 없어 보입니다.
- 랜덤화(Randomization): 식별 가능한 정보를 임의의 값으로 변경합니다. 예를 들어, 이름을 랜덤한 문자열로 대체할 수 있습니다.

이 중 어떤 방법을 선호하시나요? 혹은 다른 방법을 원하시나요?

비식별화하는 방법은 다양하다. 삭제하는 방법은 나중에 분석이 안 되니 어렵다. 마스킹은 이름을 이니셜로 변경하는 건데 이 경우 직원이 몇 명 안 되어서 쉽게 눈치챌 수 있다. 일반화는 나이를 나이대로 변경하는 건데 이 경우에 해당하지 않는다. 마지막으로 랜덤화 방법만 남았다.

 사번과 이름을 임의의 값으로 변경해줘.

 사번과 이름을 임의의 값으로 변경하겠습니다.
사번에 대해서는 랜덤한 정수를 할당하겠습니다. 이름에 대해서는 랜덤한 문자열을 생성하겠습니다.
이렇게 하면 원래의 사번과 이름과 연결을 찾아낼 수 없으므로 데이터는 완벽히 비식별화됩니다.
이해가 되셨나요? 만약 이렇게 진행해도 괜찮다면, 진행하겠습니다.

그런데 변경된 값으로 나중에 다시 찾으려면 어떻게 해야 할까? 그때를 대비해서 변경된 데이터와 원래 데이터를 별도 엑셀 파일로 가지고 있어야 한다.

 좋아. 그렇게 해서 엑셀 파일을 만들어줘.
그리고 랜덤한 문자열과 원래의 사번, 이름을 별도의 엑셀 파일로 만들어줘.

 Finished working   Show work ⌄

엑셀 파일을 성공적으로 저장했습니다. 다음 링크에서 파일을 다운로드하실 수 있습니다:

비식별화_직원별보너스대장.xlsx

사번_매핑.xlsx

이름_매핑.xlsx

비식별화한 파일을 열면 다음과 같이 임의의 사번과 이름이 들어있다.

⬓	A	B	C	D
1	사번	이름	성과점수	보너스(단위: 천 원)
2	397926	979fefb6	6	6000
3	989741	3ebb395f	1	1000
4	317047	cb378214	4	4000
5	203122	6c8924ff	4	4000
6	203482	d5b30da0	8	8000
7	113488	007ce224	10	10000
8	851900	ea2284e0	4	4000
9	614366	760d5d4f	6	6000
10	436675	f6bc1a40	3	3000
11	637596	39a4018e	5	5000

이름_매핑 파일을 열면 다음과 같이 매핑되어 있다.

	A	B
1	원래_이름	새_이름
2	김정훈	979fefb6
3	이동현	3ebb395f
4	오서영	cb378214
5	김순자	6c8924ff
6	박상호	d5b30da0
7	최지혜	007ce224
8	오민서	ea2284e0
9	김현우	760d5d4f

13

테스트 데이터
만들기

상황

김 차장은 스타트업에서 모바일 펜션 예약 서비스 개발을 담당하고 있다. 사이트 개발이 어느 정도 완료되어 통합 테스트를 해야 한다. 이때 테스트 데이터가 필요한데 보통 1만 개 정도의 데이터를 만들기 위해 아르바이트생을 고용하거나 전문 업체에 요청을 한다. 그런데 이번에 예산이 빠듯해서 테스트 데이터를 만들 돈이 없다.

물론 파이썬 프로그래밍을 해서 가상의 테스트 데이터를 만들 수는 있지만 최근에 나온 ChatGPT의 코드 인터프리터를 사용하면 더 빠르고 쉽게 누구나 만들 수 있지 않을까 생각했다.

데이터

📄 13.테스트데이터만들기 〉 **펜션데이터.xlsx**

⊿	A	B	C	D	E	F	G	H	I	J	K
1	펜션ID	펜션이름	객실ID	객실이름	객실크기	구조	구비시설	기준수용인원	최대수용인원	요금(주중)	요금(주말)
2											
3											
4											
5											
6											
7											

이 파일에는 항목만 있고 데이터는 없다.

해결

ChatGPT는 테스트 데이터를 상당히 잘 만든다. 일단 파일을 올려서 가상의 데이터를 넣어 달라고 하자.

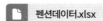
펜션데이터.xlsx

열 이름을 보고 가상의 데이터를 100행 추가하고 엑셀 파일로 줘.

Finished working   Show work ⌄

업로드하신 파일은 다음과 같은 열을 포함하고 있습니다:

- 펜션ID

- 펜션이름

- 객실ID

- …

그러나 현재 파일에는 행이 없습니다. 이에 따라 100행의 가상 데이터를 생성하겠습니다. 이때, 각 열에 대한 데이터 유형을 가정하고 데이터를 생성합니다:

펜션ID: 1~20의 범위에서 무작위 선택

- 펜션이름: '펜션' + 펜션ID로 생성

- 객실ID: 1~5의 범위에서 무작위 선택

- 객실이름: '객실' + 객실ID로 생성

- 객실크기: 20~60의 범위에서 무작위 선택
- 구조: '원룸', '투룸', '쓰리룸' 중 무작위 선택
- 구비시설: '에어컨,TV,냉장고', '에어컨,TV', '에어컨,냉장고', 'TV,냉장고' 중 무작위 선택
- 기준수용인원: 1~4의 범위에서 무작위 선택
- 최대수용인원: 기준수용인원+1~2의 범위에서 무작위 선택
- 요금(주중): 50000~150000의 범위에서 무작위 선택
- 요금(주말): 요금(주중) + 10000~50000의 범위에서 무작위 선택

100행의 가상 데이터를 생성하고 엑셀 파일로 저장하였습니다. 아래 링크를 통해 다운로드하실 수 있습니다:

펜션데이터_가상데이터.xlsx 다운로드

ChatGPT가 알아서 데이터 조건을 설정하는 것을 볼 수 있다. 파일을 열면 다음과 같이 가상 데이터가 삽입된 것을 볼 수 있다.

	A	B	C	D	E	F	G	H	I	J	K
1	펜션ID	펜션이름	객실ID	객실이름	객실크기	구조	구비시설	기준수용인원	최대수용인원	요금(주중)	요금(주말)
2	13	펜션13	1	객실1	57	투룸	에어컨,TV	2	3	77342	101289
3	16	펜션16	2	객실2	48	쓰리룸	에어컨,TV	2	4	53922	94282
4	1	펜션1	1	객실1	60	투룸	에어컨,냉장	1	3	51221	73143
5	4	펜션4	3	객실3	22	원룸	에어컨,TV,	1	2	96778	123162
6	4	펜션4	3	객실3	47	원룸	TV,냉장고	4	5	51924	100543
7	8	펜션8	4	객실4	39	원룸	에어컨,TV,	3	4	106337	118435
8	10	펜션10	3	객실3	45	원룸	에어컨,TV	1	3	58901	106635
9	20	펜션20	4	객실4	43	원룸	에어컨,TV	1	2	91407	103475
10	19	펜션19	3	객실3	40	투룸	에어컨,TV,	4	6	99502	116329
11	5	펜션5	2	객실2	49	원룸	에어컨,TV	3	4	124392	147310
12	7	펜션7	3	객실3	23	쓰리룸	에어컨,TV,	2	3	70099	118471

만약 각 열의 조건을 변경하고 싶다면 조건을 얘기하면 된다. 예를 들어 펜션이름을 2글자에서 5글자까지 한국어로 해달라고 해보자.

펜션 이름을 한국 펜션 이름과 비슷하게 만들어 줘. 2~5글자로 해줘.

 한국의 펜션 이름을 모방하여 가상의 펜션 이름을 만들겠습니다. 이때, 각 이름은 2~16글자 사이의 길이를 가지며, 주로 자연, 휴식, 행복 등의 키워드를 포함하는 것으로 알려져 있습니다. 가상의 이름을 생성하기 위해 다음과 같은 규칙을 사용하겠습니다:

'휴식', '자연', '행복', '쉼터', '피난처', '산속', '바다', '뷰', '정원', '가든', '파크', '로지', '빌라', '스테이', '힐링', '리조트' 등의 단어를 무작위로 조합하여 이름을 만듭니다.

각 이름은 두 단어를 조합하여 만들고, 만약 이름의 길이가 16글자를 초과하면 다시 생성합니다.

위의 규칙에 따라 새로운 펜션 이름을 생성하겠습니다.

ChatGPT가 센스 있게 이름의 규칙도 만들어 준다.

 좋아

 펜션 이름을 업데이트하였습니다. 업데이트된 파일을 다운로드하시려면 아래 링크를 클릭해주세요:

펜션데이터_가상데이터_업데이트.xlsx 다운로드

파일을 열면 펜션 이름이 바뀐 것을 볼 수 있다.

	A	B	C	D
1	펜션ID	펜션이름	객실ID	객실이름
2	13	뷰힐링	1	객실1
3	16	뷰힐링	2	객실2
4	1	파크행복	1	객실1
5	4	바다자연	3	객실3
6	4	쉼터뷰	3	객실3
7	8	스테이로지	4	객실4
8	10	휴식산속	3	객실3
9	20	피난처산속	4	객실4
10	19	스테이산속	3	객실3
11	5	쉼터로지	2	객실2
12	7	정원휴식	3	객실3
13	13	자연산속	4	객실4
14	2	빌라피난처	4	객실4

4

3분 만에
정형 데이터 분석하기

14 _ 설치 기사별 고객만족도 비교하기(기술 통계량)

15 _ 편의점 즉석식품 매출과 기온의 관계 분석하기
        (상관관계, 시계열 분석)

16 _ 사무실 매매가 예측하기(회귀 분석)

17 _ 온라인 쇼핑몰 유저의 배너 클릭 여부 분석하기
        (의사결정나무)

18 _ 신입사원 300명 중에서 대표 사원 4명 뽑기
        (k-평균 군집분석)

19 _ 유튜브 알고리즘처럼 고객별 맞춤 제품 추천하기
        (협업 필터링)

20 _ 팀원 이메일 송수신 정보로 소통 분석하기
        (소셜 네트워크 분석)

21 _ 효율적인 상품 배송 방법 찾기
        (최적화 모델과 그리디 알고리즘)

14
설치 기사별
고객만족도 비교하기
(기술 통계량)

상황

매장 에어컨 설치 전문 기업의 서울 강남팀 강 팀장은 팀원으로 설치 기사 10명을 데리고 있다. 설치 기사는 지정 매장을 방문해서 하루에 1건씩 에어컨을 설치하고 고객으로부터 만족도 점수를 받는다.

다음 데이터는 설치 기사별 일별 만족도 점수다. 만족도 점수는 10점 만점이다. 강 팀장은 총 한 달간의 만족도 점수를 분석해서 설치 기사별로 코칭을 하고 싶다.

데이터

📄 14.설치기사별고객만족도비교하기 〉 **설치기사만족도점수(ANSI).csv**

📄 14.설치기사별고객만족도비교하기 〉 **설치기사만족도점수(UTF).csv**

	A	B	C
1	일자	설치기사	만족도점수
2	2023-01-01	기사1	8
3	2023-01-01	기사2	3
4	2023-01-01	기사3	2
5	2023-01-01	기사4	8
6	2023-01-01	기사5	4
7	2023-01-01	기사6	7
8	2023-01-01	기사7	2
9	2023-01-01	기사8	6
10	2023-01-01	기사9	2
11	2023-01-01	기사10	8
12	2023-01-02	기사1	10
13	2023-01-02	기사2	1
14	2023-01-02	기사3	10
15	2023-01-02	기사4	8
16	2023-01-02	기사5	2

해결

만족도를 분석하기 전에 파일의 한글 처리 문제를 짚고 가자. 일반적으로 컴퓨터에서 문자를 처리할 때는 A, B, $와 같이 문자 하나씩 처리한다. 그런데 한글 같은 복합 문자를 처리하려면 별도의 처리 방법이 필요하다. 이때 ANSI, UTF-8, EUC-KR, CP949 같은 여러 인코딩 방법이 있다.

이 중에서 웹 브라우저에서 한글을 표기할 때 사용하는 방식이 UTF-8이다. 따라서 UTF-8로 인코딩된 텍스트 파일은 코드 인터프리터가 바로 처리할 수 있지만 ANSI로 인코딩된 텍스트 파일은 바로 처리할 수가 없다. 그래서 코드 인터프리터가 다른 인코딩 방법을 적용한다.

  설치기사만족도점수(ANSI).csv

설치 기사별 기술 통계량을 계산하고 의미를 설명해줘.

챗GPT와 데이터 분석 with 코드 인터프리터

제공하신 파일을 읽는데 문제가 발생했습니다. 파일 인코딩이 'utf-8'이 아닌 것 같습니다. 제가 다른 인코딩을 시도해 보겠습니다. 만약 'utf-8'이 아닌 다른 특정 인코딩을 사용했다면 알려주시면 좋겠습니다. 'cp949' 인코딩을 시도해보겠습니다. 이 인코딩은 한글 Windows에서 주로 사용됩니다.

코드 인터프리터가 알아서 인코딩을 해주므로 별 문제는 없지만, 코드 인터프리터로 분석을 요청하려면 텍스트 파일을 저장할 때 ANSI 대신 UTF-8로 저장하는 것이 좋다. UTF-8로 텍스트 파일을 저장하려면 [다른 이름으로 저장]하기를 선택한 다음 인코딩 방식을 [UTF-8]로 선택하면 된다.

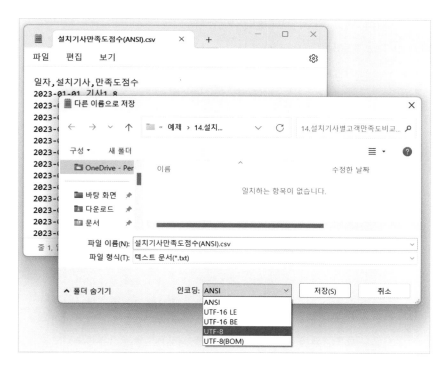

이제 다시 돌아와서 분석을 시작해 보자.

설치 기사별로 한 달간의 만족도 점수를 분석할 때 가장 많이 사용하는 방법이 평균을 구하는 것이다. 설치 기사별로 만족도 점수 평균을 구해서 비교할 수 있다. 이때 평균 외에도 중간값이나 표준편차 같은 기술 통계량을 구해서 비교하면 더 의미 있는 분석을 할 수 있다. 기술 통계량은 통계를 서술, 기술한다는 뜻이다. ChatGPT에게 기술 통계량을 계산하고 의미를 설명해달라고 하자.

  설치기사만족도점수(UTF).csv

설치 기사별 기술 통계량을 계산하고 의미를 설명해줘.

 데이터가 세 개의 열로 구성되어 있습니다:

- "일자": 날짜를 나타냅니다.
- "설치기사": 설치 기사를 나타내는 문자열입니다.
- "만족도점수": 설치 기사의 고객 만족도를 나타내는 점수입니다.

각 설치 기사별로 기술통계량을 계산해보겠습니다. 기술통계량에는 평균, 중앙값, 표준편차, 최소값, 최대값 등이 포함됩니다.

```
RESULT
        count      mean      std  min  25%  50%  75%  max
설치기사
기사1   31.0  6.322581  2.879665  1.0  4.0  6.0  9.0 10.0
기사10  31.0  5.935484  3.021429  1.0  3.0  7.0  8.0 10.0
기사2   31.0  5.741935  2.988508  1.0  3.5  5.0  9.0 10.0
기사3   31.0  5.419355  2.997490  1.0  3.0  5.0  8.0 10.0
기사4   31.0  4.806452  2.468729  1.0  3.0  5.0  6.5  9.0
기사5   31.0  5.064516  3.203493  1.0  2.0  4.0  8.0 10.0
기사6   31.0  5.548387  2.953402  1.0  3.0  6.0  8.0 10.0
기사7   31.0  6.225806  2.728976  1.0  4.0  6.0  8.0 10.0
기사8   31.0  5.870968  2.906796  1.0  4.0  6.0  9.0 10.0
```

각 설치기사에 대한 기술통계량을 계산한 결과입니다. 결과는 다음과 같습니다:

- count: 각 설치기사별로 고객 만족도를 평가한 횟수입니다.
- mean: 평균 만족도 점수입니다. 이는 각 설치기사의 전반적인 고객 만족도를 나타냅니다.
- std: 만족도 점수의 표준편차입니다. 이는 각 설치기사의 고객 만족도 점수가 얼마나 변동하는지를 나타냅니다. 표준편차가 크면 고객의 만족도 점수가 평균에서 많이 벗어난다는 것을 의미합니다.
- min: 최소 만족도 점수입니다.
- 25%: 만족도 점수의 하위 25% 분위수입니다.
- 50%: 만족도 점수의 중앙값입니다. 이는 각 설치기사의 고객 만족도 점수의 중간 값을 나타냅니다.
- 75%: 만족도 점수의 상위 75% 분위수입니다.
- max: 최대 만족도 점수입니다.

이 정보를 통해 각 설치기사의 고객 만족도 점수 분포와 전반적인 성능을 파악할 수 있습니다. 예를 들어, 평균 만족도 점수가 높은 설치기사는 전반적으로 고객 만족도가 높고, 표준편차가 큰 설치기사는 고객 만족도가 일관되지 않을 가능성이 있습니다.

ChatGPT는 횟수, 평균, 표준편차, 최솟값, 사분위수 등 기술 통계량을 구하고 설명하고 있다. 이런 기술 통계량을 시각화해서 보려면 상자 수염을 그려달라고 하면 된다.

상자 수염으로 보여줘. 설치 기사 이름은 번호로만 보여줘.

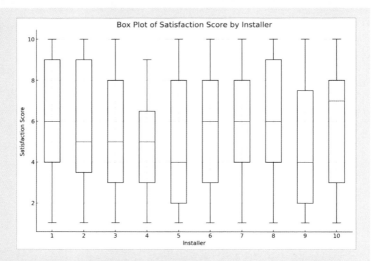

상자 수염 그림을 통해 각 설치기사의 고객 만족도 점수 분포를 확인할 수 있습니다. 각 설치기사별로 고객 만족도 점수의 중앙값, 사분위 범위, 이상치 등을 시각적으로 확인할 수 있습니다.

- 상자의 중심선: 각 설치기사의 만족도 점수의 중앙값을 나타냅니다.
- 상자의 상단과 하단: 각각 만족도 점수의 1사분위수(25%)와 3사분위수(75%)를 나타냅니다. 이는 각 설치기사의 만족도 점수가 분포하는 범위를 나타냅니다.
- 수염: 각 설치기사의 만족도 점수의 최소값과 최대값을 나타냅니다(일반적으로 1.5 IQR 내에 있는 값들).
- 점: 이상치를 나타냅니다. 이는 일반적인 범위를 벗어난 만족도 점수를 나타냅니다.

이 그림은 각 설치기사의 고객 만족도 점수가 어떻게 분포하는지, 설치기사간에 만족도 점수가 어떻게 다른지를 확인하는 데 도움이 됩니다.

상자 수염은 설치 기사 개별의 차이를 잘 보여준다. 하지만 설치 기사가 수십 명, 수백 명으로 늘어나면 비교하며 보기가 어렵다. 이때는 설치 기사를 일정한 유형으로 분류하는 것이 좋다. 분류를 하려면 핵심이 되는 기준을 2개 설정한 다음 분산을 하면 된다. 예를 들어 평균 만족도와 표준편차가 분석의 핵심 기준이라고 하자. 그러면 이 두 기준을 가지고 2×2 매트릭스를 그릴 수 있다.

평균 만족도와 표준편차를 기준으로 2BY2 매트릭스를 그리고 설치기사를 배치해줘.
설치 기사 이름은 영어로 바꿔줘.

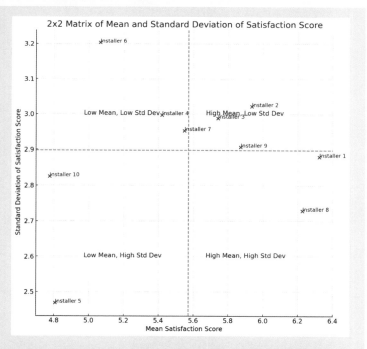

여기에서 설치기사의 평균 만족도 점수와 표준편차에 따른 2x2 매트릭스를 확인할 수 있습니다. 이 그래프는 각 설치기사가 어떤 영역에 위치하는지 보여주며, 그에 따라 설치기사의 성과를 이해하는 데 도움이 됩니다. 이는 설치기사의 성과를 평가하고 개선하기 위한 중요한 정보를 제공합니다.

- 높은 평균, 낮은 표준편차: 이 영역에 있는 설치기사는 일관되게 높은 만족도 점수를 받습니다. 이는 고객들이 일관되게 만족하고 있다는 것을 의미하며, 이러한 설치기사의 서비스 방식을 모범 사례로 삼을 수 있습니다.

- 높은 평균, 높은 표준편차: 이 영역에 있는 설치기사는 높은 만족도 점수를 받지만, 점수가 일관되지 않습니다. 이는 설치기사의 성과가 일정하지 않음을 나타냅니다. 이러한 설치기사는 서비스 품질을 일관되게 유지하는 방법을 찾아야 할 수 있습니다.

- 낮은 평균, 낮은 표준편차: 이 영역에 있는 설치기사는 일관되게 낮은 만족도 점수를 받습니다. 이는 고객들이 일관되게 만족하지 않음을 나타냅니다. 이러한 설치기사는 서비스 품질을 향상시키는 방법을 찾아야 할 수 있습니다.

- 낮은 평균, 높은 표준편차: 이 영역에 있는 설치기사는 낮은 만족도 점수를 받지만, 점수가 일관되지 않습니다. 이는 설치기사의 성과가 일정하지 않으며, 일부 고객은 만족하지만 일부 고객은 만족하지 않음을 나타냅니다. 이러한 설치기사는 서비스 품질을 일관되게 유지하면서 향상시키는 방법을 찾아야 할 수 있습니다.

2×2 매트릭스의 각 분면을 적절한 이름으로 정의하고 전략을 적으면 좋다. 예를 들면 다음과 같다.

- 높은 평균, 낮은 표준편차(안정형 설치 기사): 모범 사례로 전파
- 높은 평균, 높은 표준편차(기복형 설치 기사): 품질 유지 방법 모색
- 낮은 평균, 낮은 표준편차(도전형 설치 기사): 재교육
- 낮은 평균, 높은 표준편차(탐험형 설치 기사): 성공 사례 연구

2×2 매트릭스로 정리하면 다음과 같다.

		표준편차	
		높음	낮음
평균	높음	**기복형 설치 기사** 품질 유지 방법 모색	**안정형 설치 기사** 모범 사례로 전파
	낮음	**탐험형 설치 기사** 성공 사례 연구	**도전형 설치 기사** 재교육

활용

 기술 통계량 분석을 어디에 사용할 수 있니? 사례 10가지를 알려줘.

 기술통계량이란 데이터의 중심, 분포, 변동성 등을 나타내는 통계적 수치를 말한다. 예를 들어, 데이터의 평균은 데이터의 중심 위치를, 중앙값은 데이터를 순서대로 나열했을 때 가운데 있는 값을, 모드는 가장 자주 나타나는 값을 나타낸다. 분산이나 표준편차는 데이터의 분포와 변동성을 나타내며, 사분위수는 데이터의 분포를 나타낸다. 이 외에도 최댓값, 최솟값 등도 기술통계량에 포함된다. 기술통계량은 데이터를 이해하고 분석하는데 매우 중요한 도구라고 할 수 있다. 예를 들면, 다음과 같은 경우에 사용할 수 있다.

- 마케팅 연구 : 고객 선호도, 구매 행동, 제품 통계 등을 분석해서 마케팅 전략을 세울 수 있다.

- 금융 분석 : 주가, 수익률, 투자 리스크 등의 금융 데이터를 분석해서 투자 결정을 내릴 수 있다.

- 의료 연구 : 병의 유병률, 치료 효과, 약의 부작용 등을 분석해서 치료 방안을 개발하는데 도움을 줄 수 있다.

- 교육 분야 : 학생들의 성적, 출석률, 졸업률 등의 데이터를 분석해서 교육 정책을 마련하거나 교육 효과를 평가할 수 있다.

- 소비자 행동 분석 : 고객들의 소비 패턴, 이용 빈도, 선호 브랜드 등을 분석해서 새로운 제품 개발이나 서비스 개선에 활용할 수 있다.

- 스포츠 분석 : 선수들의 기록, 경기 결과, 팀 성적 등의 데이터를 분석해서 전략을 세우거나 선수를 선발할 수 있다.

- 품질 관리 : 제품의 불량률, 수명, 성능 등을 분석해서 제품 품질을 관리하거나 개선 방안을 찾을 수 있다.

- 인구 통계학 : 인구 수, 성별 비율, 연령 분포 등을 분석해서 사회 정책이나 경제 예측에 활용할 수 있다.

- 환경 과학 : 대기 질, 기후 변화, 생태계의 변화 등을 분석해서 환경 보호 대책을 마련하거나 환경 예측에 도움이 될 수 있다.

- 심리학 연구 : 사람들의 행동 패턴, 성향, 인지 과정 등을 분석해서 사람의 심리를 이해하거나 치료 방법을 개발하는데 쓸 수 있다.

15

편의점 즉석식품 매출과
기온의 관계 분석하기
(상관관계, 시계열 분석)

상황

ABC 편의점 본사 마케팅팀에서 일하는 박 주임은 편의점 즉석식품의 재고를 줄이라는 미션을 받았다. 즉석식품은 재고가 곧 반품이므로 재고를 최소화해야 한다. 즉 내일 고객이 많이 올 것으로 예상하면 전날에 재고를 높이고, 내일 고객이 적게 올 것으로 예상하면 전날에 재고를 낮춰야 한다.

박 주임은 우선 편의점 즉석식품 판매와 관련 있는 변수가 무엇인지 찾기 시작했다. 지역 인구나 시간대, 요일 등 다양하지만 일단 외부 기온을 변수로 정했다. 외부 기온과 판매량 사이의 관계를 알아보기로 했다. 곧바로 국가통계포털(https://kosis.kr)에 접속해서 편의점 매출 동향을 검색했다. 다행히 편의점 매출 동향 자료가 있었다.

편의점 매출 동향을 클릭하니 새 창으로 통계화면이 나타났다. 여기서 즉석식품은 식품 카테고리에서 즉석(신선일부)으로 구분돼 있었다. 월별 데이터가 있으니 시점을 최근 연도 모든 월별 데이터로 바꾸면 된다.

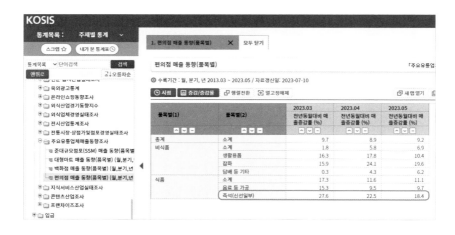

시점을 보니 2013년 3월부터 2023년 3월까지 데이터가 있다. 그런데 매출이 아니라 전월대비 매출증감률과 전년동월대비 매출증감률만 있다. 정확한 매출은 없지만 일단 다운로드하자. 분석하기 쉽게 2014년 1월부터 2022년 12월까지 시점으로 선택한다.

챗GPT와 데이터 분석 with 코드 인터프리터

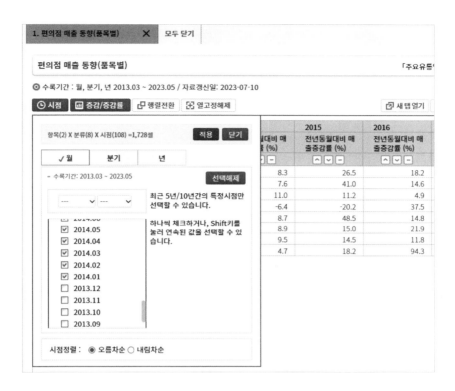

화면 오른쪽에서 다운로드를 클릭해서 엑셀로 다운로드한다. 파일명은 '편의점_매출_동향_품목별__20230722131145.xlsx'와 같은 패턴으로 정해진다. 일단은 파일명을 바꾸지 말고 저장하자.

이번에는 월별 전국 평균 기온 데이터를 찾기 위해 기상청 기상자료개방포털(https://data.kma.go.kr/)에 접속한다. 기후통계분석 메뉴에서 기온분석을 선택한다.

기온분석에서 검색조건을 앞서 했던 기간과 동일하게 2014년 1월부터 2022년 12월로 지정하고 검색한다.

결과가 그래프로 보이면 오른쪽 위에서 Excel 버튼을 클릭해서 파일을 다운로드한다. 파일명은 'ta_20230722144356.xls'와 같은 식으로 나타난다.

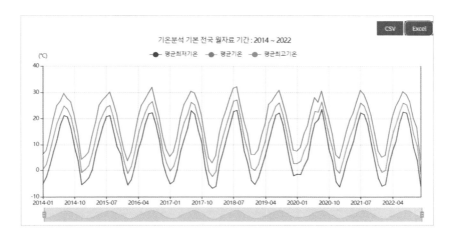

다운로드한 엑셀 파일을 열어보면 다음과 같이 되어 있다.

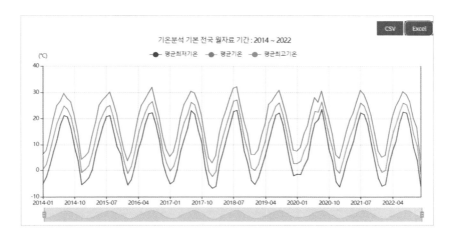

4부 _ 3분 만에 정형 데이터 분석하기

첫 7행까지 불필요한 텍스트가 들어 있다. 1행부터 7행까지 삭제하자. 그리고 연월 표기를 간단한 날짜로 바꾸자. 이대로 두면 Jan-14를 1월 14일로 잘못 인식할 수 있다. 파일을 저장할 때 확장자가 xls이면 xlsx로 바꿔서 저장하자.

데이터

📄 15.편의점즉석식품매출과기온의상관관계분석하기 〉 **편의점_매출_동향_품목별__20230722131145**.xlsx

C3	✓ : × ✓ fx	-2.3				
	A	B	C	D	E	F
1	품목별(1)	품목별(2)	2014.01		2014.02	
2			전월대비 매출증감률 (%)	전년동월대비 매출증감률	전월대비 매출증감률 (%)	전년동월대비 매출증감률
3	총계	소계	-2.3	9.7	-7.8	4.1
4	비식품	소계	-2.0	5.7	-7.8	0.7
5		생활용품	0.4	17.9	-8.9	2.0
6		잡화	15.9	16.1	-8.9	-15.7
7		담배 등 기타	-4.1	3.5	-7.6	3.0
8	식품	소계	-2.5	13.3	-7.7	7.3
9		음료 등 가공	-2.2	13.8	-6.9	7.5
10		즉석(신선일부)	-4.5	10.3	-13.2	5.7

📄 15.편의점즉석식품매출과기온의상관관계분석하기 〉 ta_20230722144356.xlsx

	A	B	C	D	E	F
1	년월	지점	평균기온(℃	평균최저기	평균최고기온(℃)	
2	2014-01-01	전국	0.2	-5.2	6	
3	2014-02-01	전국	2.3	-2.5	7.7	
4	2014-03-01	전국	7.5	1.8	13.4	
5	2014-04-01	전국	13.1	7.2	19.7	
6	2014-05-01	전국	18.2	11.9	24.9	
7	2014-06-01	전국	21.6	17.7	26.6	
8	2014-07-01	전국	24.8	21.1	29.6	
9	2014-08-01	전국	23.6	20.6	27.6	
10	2014-09-01	전국	20.6	16.1	26.3	

📄 15.편의점즉석식품매출과기온의상관관계분석하기 〉 **편의점매출동향과평균기온**.zip

분석

　편의점 매출 동향 데이터와 전국 평균기온 데이터가 형식도 다르고 표현도 제각각이다. 일단 두 파일을 '편의점매출동향과평균기온.zip'으로 압축해서 코드 인터프리터에게 주고 자료를 다듬어달라고 하자.

　　　📄 편의점매출동향과평균기온.zip

두 파일에서 2014년 1월부터 2022년 12월까지의 즉석식품의 전월대비 매출증감률과 평균기온을 찾아서 엑셀로 정리해줘. 다음 형식을 따라줘.
연월 평균기온 즉석식품의전월대비매출증감률

네, 압축 파일을 먼저 압축 해제하겠습니다. 그런 다음 해당 파일을 읽어서 필요한 데이터를 찾아보겠습니다.
...

첫 번째 파일에는 각 품목별로 월별 매출 증감률이 포함되어 있습니다. 각 열은 특정 월의 전월 대비 매출 증감률과 전년 동월 대비 매출 증감률을 나타냅니다. 두 번째 파일에는 월별 평균 기온이 포함되어 있습니다. 각 행은 특정 월의 평균 기온을 나타냅니다.
이제 즉석식품의 월별 매출 증감률과 평균 기온을 연결하여 원하는 형식의 데이터를 생성하겠습니다. 그런데, 즉석식품의 매출 증감률을 어떻게 찾아야 할지 모르겠습니다. "즉석식품"의 정확한 표기를 알려주실 수 있나요?

　우리는 즉석식품이라고 말하지만, 엑셀에는 식품 카테고리에서 즉석(신선 일부)으로 나타나 있다. 직접 엑셀을 수정해서 올릴 수도 있지만 그냥 코드 인터프리터에게 맡겨 보자.

네가 찾아봐

Finished working   Show work ✓

"품목별(2)" 카테고리에서 "즉석(신선일부)"라는 항목이 있습니다. 이 항목이 "즉석식품"을 의미하는 것으로 보입니다. 이제 이 카테고리에 해당하는 매출 증감률과 평균 기온 데이터를 추출하겠습니다.

잘 찾는다. 계속 보자.

데이터를 병합하는 과정에서 문제가 발생한 것 같습니다. "년월" 열의 데이터 형식이 일치하지 않을 수 있으므로, 이를 확인하겠습니다. 이는 날짜 및 시간 데이터를 처리할 때 흔히 발생하는 문제 중 하나입니다. 일반적으로 이러한 문제는 데이터 형식이 서로 다른 두 데이터 집합을 병합하려고 할 때 발생합니다. 이를 해결하기 위해 두 데이터 프레임의 "년월" 열의 데이터 형식을 확인해보겠습니다.

Finished working   Show work ✓

엑셀 데이터에서 보다시피 연월을 표기한 방식이 달라서 이런 문제가 발생한다. 즉석식품 파일에서는 2014.01로 표기가 되어 있다. 이것은 정확한 날짜 데이터가 아니므로 날짜 데이터로 변경해야 한다. 계속 보자.

데이터 형식이 일치하는 것으로 확인되었습니다. 그런데 병합 과정에서 데이터가 없다는 것은 두 데이터 프레임에 일치하는 "년월" 값이 없다는 것을 의미합니다. 이를 확인하기 위해 각 데이터 프레임에서 "년월" 열의 값 범위를 확인해보겠습니다.

Finished working   Show work ✓

챗GPT와 데이터 분석 with 코드 인터프리터

"즉석식품의전월대비매출증감률" 데이터의 "년월" 열 값이 NaT(Not a Time) 입니다. 이는 날짜와 시간 데이터가 없거나 유효하지 않음을 의미합니다. "년월" 값을 추출하는 과정에서 문제가 발생한 것 같습니다. 이 부분을 다시 확인하 겠습니다.

···문자열을 분할하는 대신, 원래 문자열에서 필요한 부분을 추출하는 방법을 사 용하겠습니다. 즉, 첫 7개 문자만 사용하면 "YYYY-MM" 형식의 문자열을 얻을 수 있습니다.

Finished working   Show work ⌄

"년월" 열의 값이 이제 올바르게 변환되었습니다. 값의 범위가 2014년 1월부터 2022년 12월까지입니다. 이제 이 데이터를 평균 기온 데이터와 병합할 수 있습 니다. 다시 시도해 보겠습니다.

···

다시 시도해 보겠습니다.

···

다시 시도해 보겠습니다.

···

몇 번 시도한 끝에 성공했다.

 데이터를 성공적으로 병합하고 정리했습니다. 이제 각 "년월"에 대해 "즉석식 품의전월대비매출증감률"의 평균 값과 "평균기온(℃)" 값을 가지고 있습니다. 이제 이 데이터를 엑셀 파일로 저장하겠습니다.

···

데이터를 엑셀 파일로 성공적으로 저장했습니다. 다음 링크를 통해 파일을 다운 로드하실 수 있습니다:

편의점매출동향과평균기온_정리.xlsx 다운로드

결과 파일을 열면 다음과 같이 잘 정리된 것을 볼 수 있다. 물론 중간에 날짜 형식을 맞추지 못하거나 전월대비 매출증감률과 전년동월대비 매출증감률을 평균으로 내는 등 오류가 있을 수 있으니 결괏값을 꼭 확인해야 한다.

C2		f_x	-4.5	
	A	B		C
1	년월	평균기온(℃)		즉석식품의전월대비매출증감률
2	2014-01-01 00:00:00	0.2		-4.5
3	2014-02-01 00:00:00	2.3		-13.2
4	2014-03-01 00:00:00	7.5		17.8
5	2014-04-01 00:00:00	13.1		5
6	2014-05-01 00:00:00	18.2		0.7
7	2014-06-01 00:00:00	21.6		1.9
8	2014-07-01 00:00:00	24.8		4.4
9	2014-08-01 00:00:00	23.6		3.2
10	2014-09-01 00:00:00	20.6		-1.8
11	2014-10-01 00:00:00	14.5		1.5

자, 이제 이 파일을 올리거나, 원래 대화를 계속 이어 나가 보자. 평균기온과 증감률의 관계를 물어보자.

 상관관계를 분석해줘.

 '평균기온(℃)'과 '즉석식품의전월대비매출증감률' 사이의 상관관계를 분석해 보겠습니다. 분석에는 피어슨 상관계수를 사용하겠습니다. 이 값은 -1에서 1까지 범위를 가지며, 1은 완벽한 양의 선형 상관관계, -1은 완벽한 음의 선형 상관관계를 의미합니다. 0은 두 변수 사이에 선형 상관관계가 없음을 나타냅니다.

'평균기온(℃)'과 '즉석식품의전월대비매출증감률' 사이의 피어슨 상관계수는 약 0.369입니다. 이 값은 양의 상관관계를 보여주며, 이는 평균 기온이 증가하면 즉석식품의 전월 대비 매출 증감률도 일반적으로 증가한다는 것을 의미합니다. 그러나 이 상관계수는 1에 가깝지 않기 때문에, 두 변수 사이의 선형 관계는 강하지 않다는 것을 의미합니다.

> 또한, 이 상관계수는 통계적으로 유의미한지 확인하기 위한 p-value를 제공하지 않습니다. 이를 확인하려면 추가적인 통계적 검정이 필요합니다. 이에 대해 진행하길 원하시나요?

상관계수가 0.369로 나왔다. 어느 정도 상관관계는 있지만 강한 양의 상관관계가 나오지는 않는다. 통계적으로 유의미한지도 검정을 해준다고 하니 해보자.

 네

 p-value는 약 0.000156으로, 이는 0.05보다 훨씬 작습니다. 일반적으로, p-value가 0.05보다 작으면, 결과는 통계적으로 유의미하다고 판단합니다. 이는 평균기온과 즉석식품의 매출 증감률 사이에는 어느 정도의 상관관계가 있음을 나타냅니다.
그러나 이 결과는 상관관계가 인과관계를 의미하지는 않는다는 점을 명심해야 합니다. 즉, 평균 기온이 증가하면 즉석식품의 매출 증감률이 증가하는 것이지만, 평균 기온이 즉석식품의 매출 증감률을 증가시키는 원인이라고 결론 지을 수는 없습니다. 이를 확인하려면 더 복잡한 통계적 또는 실험적 방법이 필요합니다.

더 복잡한 통계적 또는 실험적 방법이 필요하다고 한다. 그렇다면 더복잡한 통계적 방법으로는 어떤 방법이 있을까?

 더 복잡한 통계적 방법을 알려줘

 더 복잡한 통계적 방법으로는 회귀분석, 시계열분석, 패널데이터 분석 등이 있습니다. 이들 방법은 단순한 상관관계를 넘어서 원인과 결과 사이의 관계를 추정하는 데 사용됩니다.

1. 회귀분석: 이 방법은 하나 이상의 독립 변수와 종속 변수 사이의 관계를 모델링하는 데 사용됩니다. 회귀분석은 변수 간의 관계를 수학적 함수로 표현하며, 이는 독립 변수의 변화가 종속 변수에 어떤 영향을 미치는지를 예측하는 데 사용될 수 있습니다.

2. 시계열분석: 이 방법은 시간에 따라 수집된 데이터를 분석하는 데 사용됩니다. 시계열분석은 데이터가 시간에 따라 어떻게 변하는지를 이해하고, 미래의 트렌드나 패턴을 예측하는 데 사용될 수 있습니다.

3. 패널데이터 분석: 이 방법은 시간에 따라 여러 대상에 대해 수집된 데이터를 분석하는 데 사용됩니다. 패널데이터 분석은 시간에 따른 변화뿐만 아니라 개체 간의 차이도 고려하여, 더 복잡한 상황에서의 원인과 결과 관계를 추정하는 데 사용될 수 있습니다.

3가지 방법을 알려주는데 시계열 데이터이므로 시계열 분석을 해달라고 하자.

시계열 분석을 해줘. 한글은 영어로 바꿔줘.

시계열 분석에는 다양한 방법이 있습니다. 가장 간단한 형태로는 이동 평균이나 지수 평활법이 있습니다. 보다 복잡한 방법으로는 ARIMA (자기회귀누적이동평균) 모델, SARIMA (계절성 자기회귀누적이동평균) 모델, 상태공간 모델, Facebook의 Prophet 등이 있습니다.

시계열 분석을 수행하기 전에 데이터의 특성을 이해하는 것이 중요합니다. 시계열 데이터가 계절성, 추세, 주기성 등을 보이는지 확인해야 합니다. 이를 위해 데이터를 시각화해보겠습니다.

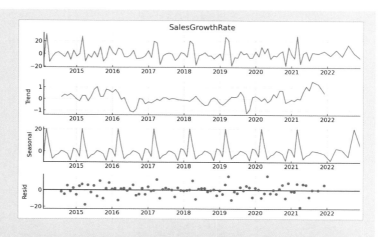

시계열 분해 그래프에서는 다음 세 가지 구성 요소를 볼 수 있습니다:

Trend(트렌드): 시간에 따른 데이터의 전반적인 패턴을 보여줍니다.

Seasonal(계절성): 시계열 데이터 내에서 반복적으로 나타나는 패턴을 보여줍니다. 여기서는 연간 계절성 패턴이 나타납니다.

Residual(잔차): 트렌드와 계절성을 제거한 후 남은 잔차를 보여줍니다.

　시계열 분석을 할 때는 과거 데이터에서 패턴이나 구조를 찾는 방법이 있고, 미래 값을 예측하는 방법이 있다. ARIMA는 미래 값을 예측하는 데 주로 사용되며, 과거 시계열 데이터의 패턴이나 구조를 찾을 때는 시계열 분해 그래프를 먼저 그려보면 좋다.

　여기서 시계열 분해 그래프를 보면 Seasonal(계열성) 차트에서 패턴이 분명하게 나타난다. 즉 월별로 증감 특성이 반복된다는 것이다. 그렇다면 월별 특성을 알려달라고 하자.

데이터를 보고 월별 특성을 알려줘

 각 월별로 '즉석식품의전월대비매출증감률'의 평균을 계산한 결과는 다음과 같습니다:

- 1월: 약 -4.43
- 2월: 약 -8.56
- 3월: 약 11.88
- 4월: 약 13.92
- 5월: 약 8.04
- 6월: 약 4.89
- 7월: 약 3.00
- 8월: 약 5.36
- 9월: 약 3.60
- 10월: 약 2.49
- 11월: 약 -8.17
- 12월: 약 -2.36

이 결과를 통해 즉석식품의 매출 증감률이 월별로 어떻게 변하는지 알 수 있습니다. 특히 봄 (3월 ~ 5월)에는 매출 증감률이 높고, 겨울 (1월, 2월, 11월, 12월)에는 매출 증감률이 낮은 경향을 보입니다.

결과적으로 즉석식품의 매출 증감은 기온보다는 계절적 요인이 높다는 것을 볼 수 있다. 겨울에서 봄으로 넘어올 때 매출이 크게 늘고, 여름에는 소폭 증가하는 반면, 한겨울이 되면 매출이 떨어지는 것을 알 수 있다.

따라서 봄이 시작될 때 재고를 늘리고 겨울이 시작될 때 재고를 줄이는 식으로 즉석식품을 관리해야 한다.

활용

 시계열분석을 어디에 사용할 수 있니? 사례 10가지를 알려줘

 시계열 분석이란 시간에 따라 측정된 데이터를 분석하는 통계적 기법이다. 이 데이터는 일정한 시간 간격으로 정기적으로 측정된 값들로 이루어진다. 주식 가격, 기후 데이터, 월별 판매량 등이 시계열 데이터의 예시다.

시계열 분석의 주요 목적은 미래를 예측하는 것이다. 즉, 과거 및 현재의 패턴을 이용해 미래의 데이터 값을 예측하려는 것이다. 또한 이 방법을 통해 시간에 따른 데이터의 패턴 및 구조를 파악하는 것도 가능하다. 이를 통해 계절성, 추세, 주기 등의 패턴을 파악할 수 있다. 이는 비즈니스 전략 수립이나 과학 연구에서 중요한 역할을 한다.

그러한 예시를 살펴보자.

- 주식시장 예측 : 주식 가격, 시장 지표 등의 시계열 데이터를 분석해서 투자 결정을 내릴 수 있다.

- 기상 예측 : 기온, 강수량, 바람 속도 등의 기상 데이터를 분석해서 날씨를 예측하거나 기후 변화를 연구할 수 있다.

- 매출 예측 : 과거의 매출 데이터를 분석해서 미래의 매출을 예측하거나 전략을 세울 수 있다.

- 재고 관리 : 과거의 판매량 데이터를 분석해서 미래의 수요를 예측하고, 재고를 관리하는데 활용할 수 있다.

- 에너지 수요 예측 : 에너지 사용 패턴을 분석해서 미래의 에너지 수요를 예측하고, 에너지 공급 계획을 세울 수 있다.

- 경제 지표 예측 : 고용률, 인플레이션, GDP 등의 경제 지표를 분석해서 경제 상황을 예측하거나 정책을 결정하는데 도움이 될 수 있다.

- 교통 흐름 예측 : 과거의 교통 흐름 데이터를 분석해서 미래의 교통 상황을 예측하거나 교통 관리 전략을 세울 수 있다.

- 보건 의료 : 환자의 병력 데이터를 분석해서 질병의 경과를 예측하거나 치료 계획을 세울 수 있다.
- 소비자 행동 예측 : 고객들의 구매 패턴을 분석해서 미래의 소비 행동을 예측하고, 마케팅 전략을 세울 수 있다.
- 사이버 보안 : 과거의 네트워크 트래픽 패턴을 분석해서 미래의 위험을 예측하고, 사이버 공격을 방어하는데 활용할 수 있다.

16

사무실 매매가 예측하기 (회귀 분석)

상황

A그룹 본사에서 총무 업무를 담당하는 이 차장은 본사 근처에 사내 벤처 기업의 사옥을 구매해야 한다. 그런데 사무실이 면적도 층수도 주차도 워낙 다양하고 가격도 들쭉날쭉한 것 같다.

이 차장은 포털 부동산 사이트에서 근처 사무실의 특성과 매매가를 추출해서 엑셀 파일을 하나 만들었다. 이 데이터를 참고로 특정 조건이면 매매가가 얼마나 되는지 알고 싶다. 예를 들어 면적이 1만 제곱미터고, 층수가 18층이고, 사용년수가 10년이고, 전용주차대수가 10대인 사무실의 매매가가 얼마일까?

데이터

📄 16.사무실매매가예측하기 〉 **서울강남사무실매매정보.xlsx**

	A	B	C	D	E
1	면적	층수	사용년수	전용주차대수	매매가
2	54377	18	13	12	6385135454
3	70832	30	28	18	860062001
4	59713	7	22	12	162669006
5	53988	29	13	10	5718967557
6	41999	11	18	9	1466740701
7	63978	6	40	28	244596061
8	43377	21	32	21	938881756
9	88296	23	30	14	663388960
10	95406	11	2	23	2615130523
11	38022	31	38	13	235488117
12	78401	15	1	5	4767252481
13	52407	2	24	13	3625470743

분석

면적, 층수, 사용년수, 전용주차대수 같은 조건이 사무실의 매매가에 영향을 주고 있다고 했을 때, 특정 조건의 사무실 매매가가 얼마인지 알려면 회귀분석을 하면 된다.

 📄 서울강남사무실매매정보.xlsx

회귀분석을 해줘.

 네, 업로드하신 파일을 분석해보겠습니다. 먼저, 해당 파일의 데이터 구조와 내용을 확인해볼게요.

Finished working   Show work ⌄

업로드하신 데이터는 '면적', '층수', '사용년수', '전용주차대수', '매매가'라는 5개의 변수를 가지고 있습니다. 이 중 '매매가'를 종속변수로, 나머지를 독립변수로 사용하여 회귀분석을 수행하도록 하겠습니다.
먼저, 데이터의 전반적인 통계적 특성을 확인하겠습니다.

Finished working   Show work ⌄

데이터의 통계적 특성은 다음과 같습니다:

- '면적', '층수', '사용년수', '전용주차대수', '매매가' 모두 1,000개의 데이터 포인트를 가지고 있습니다.
- '면적'의 평균은 약 49,146이며, 표준편차는 약 28,755입니다.
- '층수'의 평균은 약 18이며, 표준편차는 약 10입니다.
- '사용년수'의 평균은 약 20년이며, 표준편차는 약 12년입니다.
- '전용주차대수'의 평균은 약 15대이며, 표준편차는 약 9대입니다.
- '매매가'의 평균은 약 3,070,521,000원이며, 표준편차는 약 2,204,144,000원입니다.

데이터의 특성을 평균과 표준편차로 간단히 설명하고 있다.

 이제 회귀분석을 수행해보겠습니다. 회귀분석은 종속변수와 독립변수 간의 관계를 수학적 함수로 모델링하는 통계적 방법입니다. 여기서는 '매매가'를 종속변수로, '면적', '층수', '사용년수', '전용주차대수'를 독립변수로 사용하겠습니다.

Finished working   Show work ⌄

회귀분석 결과는 다음과 같습니다:

- 결정 계수(R-squared)는 약 0.316으로, 모델이 매매가의 약 31.6%의 변동을 설명하고 있다는 것을 의미합니다. 이는 독립 변수들이 매매가에 대해 중간 수준의 설명력을 가지고 있음을 나타냅니다.
- 회귀 계수는 다음과 같습니다:
  · 상수항(const): 약 5.316e+09
  · 면적: -322.6887
  · 층수: -1.041e+07
  · 사용년수: -1.024e+08
  · 전용주차대수: 6.782e+05

- 사용년수는 매매가에 가장 큰 영향을 미치는 것으로 보이며, 사용년수가 1년 증가할 때마다 매매가는 약 -1.024e+08원 감소한다는 것을 의미합니다.
- 면적, 층수, 전용주차대수의 회귀 계수는 통계적으로 유의미하지 않습니다($P>|t|$ > 0.05). 이는 이들 변수들이 매매가에 대해 통계적으로 유의미한 영향을 미치지 않음을 나타냅니다.

참고로, 회귀분석 결과의 해석은 해당 데이터와 분석 목적에 따라 달라질 수 있습니다. 이 분석은 단순히 변수들 간의 선형 관계를 가정하고 있으며, 실제 상황은 더 복잡할 수 있습니다. 또한, 이 결과는 변수들 간의 인과관계를 의미하지 않습니다. 이는 추가적인 연구와 데이터가 필요합니다.

결과를 잘 보면 사용년수가 매매가에 가장 큰 영향을 미치는 반면 면적, 층수, 전용주차대수는 영향이 유의미하지 않다고 한다. 즉 사용년수가 매매가와 상관있고, 나머지는 거의 상관이 없다는 것이다. 그렇다면 상관관계를 분석해서 상관계수를 보자.

상관관계를 분석해서 그래프로 보여줘

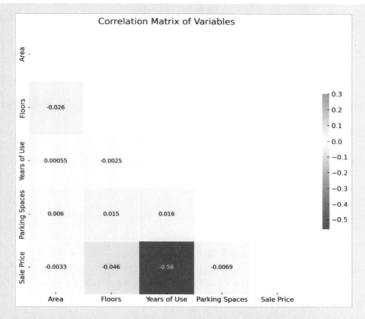

Correlation Matrix of Variables

위의 히트맵은 색이 진할수록 두 변수간의 상관관계가 강하다는 것을 의미하며, 파란색은 음의 상관관계, 빨간색은 양의 상관관계를 나타냅니다.
상관관계 분석 결과는 다음과 같습니다:

- 'Sale Price'와 'Years of Use'는 음의 상관관계를 보이며, 이는 'Years of Use'가 증가할수록 'Sale Price'가 감소하는 경향을 나타냅니다.
- 'Area', 'Floors', 'Parking Spaces'는 'Sale Price'와의 상관관계가 약하게 나타났습니다.

자, 이제 원하는 조건을 말하고 매매가를 알려달라고 하자.

면적이 1만 제곱미터고 층수가 18층이고 사용년수가 10년이고 전용주차대수가 10대인 사무실의 매매가가 얼마냐?

 면적이 1만 제곱미터, 층수가 18층, 사용년수가 10년, 전용주차대수가 10대인 사무실의 예상 매매가는 약 4,108,034,434원입니다.

하지만 이 예측값은 위에서 수행한 회귀분석 모델에 기반하고 있으며, 해당 모델은 데이터의 일부만을 설명할 뿐입니다. 실제 가격은 다양한 요인에 의해 영향을 받을 수 있으므로, 이 예측값은 참고용으로만 사용해야 합니다.

회귀식도 알려달라고 하자.

 계산식을 알려줘

 회귀분석의 결과를 통해 도출된 계산식은 다음과 같습니다:

매매가$=5.316e+09-322.6887\times$면적$-1.041e+07\times$층수$-1.024e+08\times$사용년수$+6.782e+05\times$전용주차대수

이 식에서 각 계수는 해당 변수의 영향력을 나타냅니다. 예를 들어, '사용년수'의 계수는 -1.024e+08로, 사용년수가 1년 증가할 때마다 매매가는 약 -1.024e+08원 감소한다는 것을 의미합니다.

회귀식은 1차 방정식이므로 나머지 변수를 고정하고 사용년수만 변화시키면 오른쪽 아래로 내려가는 직선이 된다.

회귀식을 그래프로 보여줘

 회귀식을 그래프로 표현하려면 일부 독립 변수를 고정하고 다른 독립 변수를 변화시켜야 합니다. 다변수 회귀식을 그래프로 표현하는 것은 복잡할 수 있습니다. 이 경우 '면적', '층수', '사용년수', '전용주차대수' 중 어떤 변수를 고정하고 어떤 변수를 변화시킬지 결정해야 합니다.

예를 들어, '면적', '층수', '사용년수'를 평균 값으로 고정하고 '전용주차대수'만 변화시키는 그래프를 그려볼 수 있습니다. 이렇게 하면 '전용주차대수'가 '매매가'에 어떤 영향을 미치는지 시각적으로 확인할 수 있습니다.

이런 방향으로 진행해보면 될까요?

 사용년수만 변화시키고 나머지는 평균 값으로 고정해줘.

 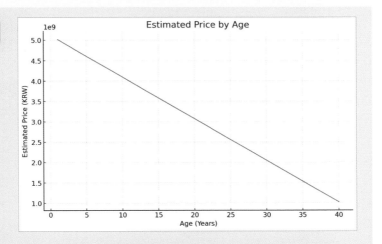

사용년수에 따른 예상 매매가를 나타내는 그래프입니다.

이 그래프에서 사용년수가 증가함에 따라 예상 매매가가 감소하는 것을 확인할 수 있습니다. 이는 우리의 회귀 모델에서 사용년수의 계수가 음수였던 것과 일치합니다.

그러나 이 그래프는 면적, 층수, 전용주차대수를 그들의 평균 값으로 고정하고 사용년수만 변화시켰다는 것을 기억해야 합니다. 다른 변수들을 고정하지 않고 여러 변수를 동시에 변화시키면 결과는 달라질 수 있습니다.

회귀분석이 만능은 아니다. 앞에서도 결정 계수(R−squared)가 0.316으로 매매가의 약 31.6%의 변동만 설명하고 있다고 ChatGPT가 대답한 바 있다. 전체적으로 결과를 종합해서 해석하는 것을 추천한다.

활용

회귀분석을 어디에 사용할 수 있니? 사례 10가지를 알려줘

회귀분석은 독립변수와 종속변수 간의 관계를 모델링하는 통계적 방법이다. 여기서 독립변수는 예측 또는 설명하려는 결과에 영향을 미치는 변수이고, 종속변수는 예측하거나 설명하려는 결과다. 회귀분석의 결과는 일반적으로 회귀식으로 표현되며, 이는 독립변수들의 가중치(계수)를 포함한다. 이 가중치들은 독립변수가 종속변수에 어떤 영향을 미치는지를 나타낸다. 회귀분석은 간단한 선형 회귀부터 복잡한 다중 회귀, 로지스틱 회귀 등 다양한 형태가 있다. 예시를 들면 다음과 같다.

- 경제학 : 경제 지표들 간의 관계를 파악하거나, 특정 경제 정책이 경제 성장에 어떤 영향을 미치는지 분석하는데 사용할 수 있다.
- 금융 분야 : 주가, 이자율, 환율 등의 금융 데이터를 분석해서 투자 전략을 세울 수 있다.
- 마케팅 : 광고 지출이 판매량에 어떤 영향을 미치는지, 가격 변동이 수요에 어떤 영향을 끼치는지 분석하는데 활용할 수 있다.
- 의료 연구 : 환자의 특성이나 치료 방법이 치료 결과에 어떤 영향을 미치는지 분석하는데 사용될 수 있다.

- 심리학 : 특정 심리적 특성이 행동이나 성과에 어떤 영향을 미치는지 분석하는데 사용할 수 있다.
- 인사 관리 : 직원의 성과와 그에 영향을 미치는 여러 요인(경력, 교육 수준, 근속 연수 등) 간의 관계를 분석할 수 있다.
- 환경 과학 : 환경 요인들이 특정 생물 종의 분포나 생태계의 변화에 어떤 영향을 미치는지 분석하는데 사용할 수 있다.
- 부동산 : 부동산 가격과 그에 영향을 미치는 요인(위치, 크기, 건설 연도 등) 간의 관계를 분석하는데 활용할 수 있다.
- 교육 : 학생의 성적과 그에 영향을 미치는 요인(출석률, 학습 시간, 부모의 교육 수준 등) 간의 관계를 분석하는데 사용될 수 있다.
- 공학 : 공정 제어, 제품 개발 등에서 특정 변수들이 결과에 어떤 영향을 미치는지 분석하는데 사용할 수 있다.

17

온라인 쇼핑몰 유저의
배너 클릭 여부 분석하기
(의사결정나무)

상황

탁상시계 제조업체의 온라인마케팅팀에서 일하는 최 대리는 유명 온라인 쇼핑몰에서 진행하는 배너 광고를 확대하려고 한다. 최 대리는 온라인 쇼핑몰 광고 집행 담당자에게 그간의 배너 클릭 데이터를 요청했다.

온라인 쇼핑몰 광고 집행 담당자는 해당 배너에 노출된 유저의 나이, 접속 횟수, 접속시간, 성별, 결혼여부 등의 정보와 함께 배너를 클릭했는지 유무도 같이 엑셀 파일로 보냈다. 최 대리는 이 엑셀 파일을 기반으로 배너를 클릭한 고객이 누군지, 앞으로 어떤 고객에 집중해야 하는지 알고 싶다.

데이터

📄 17.온라인쇼핑몰유저의배너클릭여부분석하기 〉 **온라인쇼핑몰유저배너클릭유무**.xlsx

	A	B	C	D	E	F
1	나이	접속횟수	접속시간(단위: 분)	성별	결혼여부	배너클릭
2	20	1	3	남지	기혼	안함
3	23	2	4	남지	미혼	안함
4	23	1	2	여자	기혼	안함
5	59	3	2	남지	미혼	안함
6	29	3	1	여자	미혼	안함
7	39	4	4	남지	기혼	함
8	41	3	1	남지	기혼	안함
9	56	4	3	여자	기혼	함
10	43	3	4	여자	미혼	안함
11	26	2	4	여자	미혼	안함
12	44	3	2	여자	미혼	안함

분석

유저의 특성(나이, 접속횟수, 접속시간, 성별, 결혼여부 등)과 유저의 결과(배너 클릭) 데이터가 있을 때는 의사결정나무(Decision Tree)로 분석하면 된다. 의사결정나무 분석은 기계 학습의 한 방법으로, 데이터를 분류하거나 회귀 분석을 수행하는 데 사용된다. 이 분석 방법의 목표는 입력 변수(또는 특성)를 사용하여 목표 변수를 예측하는 모델을 만드는 것이다.

일단 코드 인터프리터에 파일을 올리고 요청하자.

  온라인쇼핑몰유저배너클릭유무.xlsx

의사결정나무 분석을 해줘.

 업로드하신 파일을 확인해보겠습니다. 이 파일은 의사결정나무 분석에 필요한 데이터를 포함하고 있는 것으로 보입니다. 먼저 파일을 불러와서 어떤 데이터가 들어있는지 확인해보겠습니다.

Finished working   Show work ✓

데이터는 다음과 같이 구성되어 있습니다:

- 나이: 유저의 나이
- 접속횟수: 유저가 온라인 쇼핑몰에 접속한 횟수
- 접속시간(단위: 분): 유저가 온라인 쇼핑몰에 접속한 총 시간
- 성별: 유저의 성별 (여자 또는 남자)
- 결혼여부: 유저의 결혼 상태 (기혼 또는 미혼)
- 배너클릭: 유저가 배너를 클릭했는지 여부 (함 또는 안함)

이제 이 데이터를 기반으로 의사결정나무를 학습시켜 분석해보겠습니다. 분류 문제로 처리하고, '배너클릭'을 예측하는 것이 목표가 될 것입니다.

의사결정나무 모형은 크게 분류나무와 회귀나무로 나뉜다. 사진을 주고 고양이인지 개인지 분류하는 것이 분류나무다. 유저가 이 광고에 클릭할 확률이 얼마인지 예측하는 것이 회귀나무다. 결과가 OO 유무로 나오는 것은 분류나무를 써야 하고, 숫자나 확률로 나오는 것은 회귀나무를 써야 한다. 여기서는 우리가 구별해 줄 필요 없이 알아서 분류 문제로 처리한다.

먼저, 데이터를 수치형으로 변환하고, '배너클릭' 열을 목표 변수로 설정하겠습니다. 이를 위해 성별과 결혼 여부를 원-핫 인코딩으로 변환하고, '배너클릭' 열을 0과 1로 매핑하겠습니다.
그 후에는 데이터를 학습용과 테스트용으로 나누고, 의사결정나무 모델을 학습시키겠습니다.

Finished working   Show work ∨

의사결정나무 모델의 테스트 세트에 대한 정확도는 100%입니다. 이는 모델이 테스트 데이터를 완벽하게 분류했다는 것을 의미합니다.
또한, 혼동 행렬(confusion matrix)을 보면 다음과 같습니다:

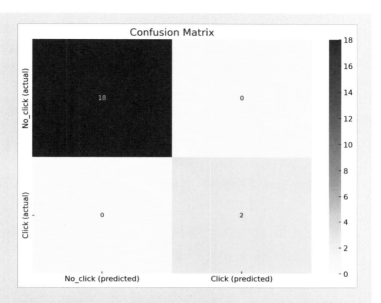

혼동 행렬은 다음과 같이 해석할 수 있습니다:

- True Negative(TN): 18명의 유저는 배너를 클릭하지 않을 것으로 예측했고, 실제로 클릭하지 않았습니다.
- False Positive(FP): 0명의 유저는 배너를 클릭할 것으로 예측했지만, 실제로는 클릭하지 않았습니다.
- False Negative(FN): 0명의 유저는 배너를 클릭하지 않을 것으로 예측했지만, 실제로는 클릭했습니다.
- True Positive(TP): 2명의 유저는 배너를 클릭할 것으로 예측했고, 실제로 클릭했습니다.

혼동 행렬은 모델의 성능을 평가하는 데 사용된다. 여기서는 모든 예측이 정확하다고 나온다. 물론 이러한 결과는 모델이 과적합됐을 가능성이 있어서 바로 이어서 그 내용을 얘기하고 있다. 계속 보자.

이 모델의 성능이 완벽하다고 보여지지만, 실제로는 데이터셋이 작거나, 과적합 (overfitting)이 발생했을 수 있습니다. 이는 모델이 학습 데이터에만 너무 잘 맞 아 테스트 데이터나 새로운 데이터에 대한 성능이 떨어질 수 있다는 것을 의미 합니다.

더 큰 데이터셋이나 교차 검증(cross-validation) 등의 방법을 사용하여 모델의 일반화 성능을 평가하는 것이 좋습니다.

데이터를 더 많이 주거나 다른 분석 방법을 병행해서 보라는 말이다.

 또한, 의사결정나무의 구조를 살펴보면 이 모델이 어떻게 예측을 수행하는지 더 자세히 이해할 수 있습니다. 이를 시각화해 보겠습니다.

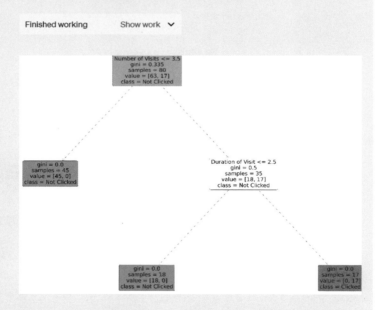

위의 그래프는 의사결정나무의 구조를 나타냅니다. 각 노드에서는 특정 기준에 따라 데이터를 분할합니다.

이 모델에서는 '접속시간(단위: 분)'과 '접속횟수'가 중요한 특성으로 사용되었습 니다. 이 두 특성에 따라서 유저가 배너를 클릭할 것인지를 예측하고 있습니다.

의사결정나무의 그래프는 나무를 뒤집어 놓은 것 같은 모습이라서 의사결정나무라고 한다. 마치 가지를 뻗어나가는 모습인데, 위에서부터 조건에 따라 분류가 되는 것을 볼 수 있다. 우선 맨 위에 있는 노드부터 보자.

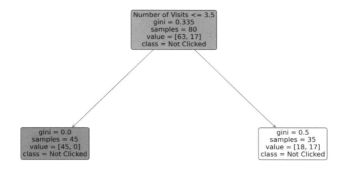

Number of Visits 〈= 3.5는 방문 횟수가 3.5인 것을 기준으로 데이터를 나눈다는 말이다. 즉 방문 횟수가 3.5회 이하라면 배너를 클릭하지 않고, 방문 횟수가 3.5회를 초과한다면 다음 분기에서 다시 확인한다.

gini = 0.335은 지니 불순도를 나타낸다. 노드의 데이터가 얼마나 혼합되어 있는지를 측정하는 지표다. 1에 가까울수록 노드의 샘플이 균등하게 분포되어 있다는 말이다.

예를 들어 상자가 두 개 있는데 왼쪽 상자에는 빨간색 사탕만 10개 있고 오른쪽 상자에는 파란색 사탕만 10개 있다고 해보자. 그러면 두 상자는 사탕 색깔로 완벽하게 분류된다. 이때 왼쪽 상자에서 빨간색 사탕을 뽑을 확률은 100%다. 지니 불순도는 0이 된다. 반면 오른쪽 상자에서 빨간색 사탕을 뽑을 확률은 0%다. 이때 지니 불순도는 1이 된다.

그런데 만약 두 상자에 있는 사탕을 한 상자에 섞었다고 하자. 그러면 이 상자에는 빨간색 사탕과 파란색 사탕이 혼합되어 있다. 둘 다 10개씩 있으므로 완전한 불순 상태다. 이때 지니 불순도는 0.5가 된다.

Box with red candies only

Box with red and blue candies

Gini Impurity = 0
(Pure)

Gini Impurity = 0.5
(Mixed)

samples = 80은 이 노드에 샘플 80개가 도달했다는 뜻이다.

value = [63, 17]은 각 클래스의 샘플 수를 의미한다. 샘플 80개 중 배너를 클릭하지 않은 유저가 63명, 배너를 클릭한 유저가 17명이란 뜻이다.

Class = Not Clicked는 이 노드에서 방문횟수가 3.5회 이하는 배너를 클릭하지 않는다는 결과다.

ChatGPT의 설명을 계속 들어보자.

 하지만 이 모델은 단일 트리를 사용한 것이므로, 이해하기는 쉽지만 예측 성능이 다소 제한적일 수 있습니다. 더 복잡한 패턴을 포착하려면 앙상블 기법을 사용하는 것이 좋습니다. 앙상블 기법은 여러 개의 모델을 결합하여 보다 정확한 예측을 만드는 방법입니다.

그리고 모델의 성능 평가를 위해서는 여러 다른 메트릭을 고려해야 합니다. 예를 들어, 정밀도(precision), 재현율(recall), F1 스코어 등을 확인해 볼 수 있습니다. 이러한 메트릭은 모델이 얼마나 잘 작동하는지 보다 세밀하게 측정할 수 있습니다.

또한, 모델의 성능을 높이기 위해 하이퍼파라미터 튜닝을 수행할 수도 있습니다. 의사결정나무의 경우, 트리의 깊이, 노드에서 필요한 최소 샘플 수 등의 하이퍼파라미터를 조정할 수 있습니다.

챗GPT와 데이터 분석 with 코드 인터프리터

> 마지막으로, 모델을 학습시키기 전에 데이터를 더 자세히 분석하는 것이 중요합니다. 데이터에 이상치가 있는지, 특성 간의 관계는 어떠한지, 데이터가 불균형한지 등을 분석해 보면 모델의 성능을 더욱 향상시킬 수 있습니다.

어떤 분석 모델이든 완벽한 것은 없다. 분석을 더 고도화하는 방법은 많다. 하지만 비즈니스에서는 완벽한 답을 원하지 않는다. 항상 돈, 사람, 시간의 제약이 있기 때문에 어느 정도 수준에 도달하기만 하면 그것으로 충분하다. 더 높고 완벽한 수준에 도달하는 것은 대학이나 연구소에 있는 사람이 할 일이다.

활용

 의사결정나무를 어디에 사용할 수 있니? 사례 10가지를 알려줘

 의사결정나무는 분류 및 회귀 문제를 해결하기 위한 트리 기반의 예측 모델링 기법이다. 의사결정나무는 질문을 통해 데이터를 분할하는 '노드'와 예측 결과를 나타내는 '리프' 또는 '터미널' 노드로 구성된다.

각 노드에서는 특정 특성에 대한 질문을 통해 데이터를 두 개의 그룹으로 분할한다. 이러한 분할은 노드 내의 데이터가 가능한 한 동질적이 되도록 만든다. 이 과정은 더 이상 분할의 효과가 없을 때까지 반복된다.

의사결정나무의 장점 중 하나는 결과가 이해하기 쉽다는 것이다. 트리의 경로를 따라가면서 질문에 답함으로써 예측을 이해할 수 있다. 또한, 의사결정나무는 수치 데이터와 범주형 데이터 모두를 처리할 수 있다. 하지만, 과적합(overfitting)되기 쉽다는 단점도 있다. 이러한 문제는 가지치기(pruning) 등의 기법으로 어느 정도 완화시킬 수 있다.

예시를 들면 다음과 같다.

- 금융 리스크 분석 : 고객의 신용 점수, 수입, 고용 상태 등을 기반으로 대출 신청의 승인 여부를 결정할 수 있다.

- 의료 분야 : 환자의 의료 기록을 기반으로 특정 질병의 발병 가능성을 예측하거나 진단을 돕는 데 사용될 수 있다.
- 마케팅 전략 수립 : 고객의 구매 이력, 선호도, 라이프스타일 등을 고려하여 고객 세그먼트를 분류하거나, 특정 광고 캠페인의 반응을 예측할 수 있다.
- 사기 탐지 : 신용 카드 사용 패턴, 고객 정보 등을 바탕으로 사기 행위를 예측하고 사기를 예방할 수 있다.
- 인사 관리 : 직원의 성과, 경력, 교육 수준 등을 고려하여 직원의 이직 가능성을 예측하거나, 향후 진급 가능성을 평가하는데 사용될 수 있다.
- 공공 정책 결정 : 사회 경제적 특성, 범죄율, 인구통계학적 정보 등을 분석하여 공공 정책의 효과를 예측하거나 적절한 자원 배치를 결정하는데 활용될 수 있다.
- 제조 분야 : 제품의 고장률, 제조 과정의 변수들 등을 분석하여 제품 고장의 원인을 파악하거나 품질 향상 방안을 도출할 수 있다.
- 부동산 : 부동산의 위치, 크기, 연식 등의 정보를 기반으로 부동산의 가치를 예측하는 데 사용할 수 있다.
- 통신 업계 : 고객의 이용 패턴, 계약 기간, 요금제 등을 분석하여 고객 이탈을 예측하고 이를 방지하는 전략을 수립할 수 있다.
- 교육 분야 : 학생의 성적, 출석률, 학습 환경 등을 기반으로 학생의 학업 성취도를 예측하거나, 학업에 영향을 미치는 요인을 파악하는 데 사용될 수 있다.

18

신입사원 300명 중에서 대표 사원 4명 뽑기 (k-평균 군집분석)

상황

그룹 인재교육팀에서 일하는 홍 대리는 이번에 뽑은 그룹 신입사원 300명의 교육을 담당하고 있다. 그런데 갑자기 그룹 회장이 신입사원 4명을 만나 점심을 같이 먹으면서 간담회를 하자고 한다. 회장은 어느 한쪽에도 치우치지 않고 객관적으로 대표 유형 4명의 신입사원을 고르라고 한다.

현재 홍 대리가 갖고 있는 자료는 신입사원의 나이, 경력, 지역, 서류점수와 면접점수뿐이다. 이것을 기준으로 대표 유형 4명을 선정해야 한다.

데이터

📄 18.신입사원300명중에서대표사원4명뽑기 > **신입사원명단.xlsx**

	A	B	C	D	E	F
1	사번	나이	경력(단위: 년)	지역	서류점수	면접점수
2	230701	27	0	2	69	37
3	230702	22	2	2	87	72
4	230703	25	0	5	58	54
5	230704	25	2	1	94	71
6	230705	29	0	3	12	10
7	230706	25	2	4	79	16
8	230707	27	1	5	83	19
9	230708	24	2	2	90	30
10	230709	26	1	3	4	54
11	230710	29	0	4	38	61

분석

신입사원의 여러 자료에서 대표적인 유형의 사원 4명을 뽑고자 할 때는 k-평균 군집분석이란 것을 사용하면 된다. 만약 이 방법을 모른다면 일단 코드 인터프리터에 데이터를 올리고 원하는 것을 말하자.

  신입사원명단.xlsx

신입사원 300명 중 대표적인 유형의 사원 4명을 뽑고 싶다.

 데이터에는 다음과 같은 정보가 포함되어 있습니다:

- 사번
- 나이
- 경력(단위: 년)
- 지역
- 서류점수
- 면접점수

"대표적인 유형의 사원"을 선택하려면 먼저 데이터의 분포를 분석해야 합니다. 예를 들어, 나이, 경력, 지역, 서류점수, 면접점수의 평균값 또는 중앙값을 확인한 후, 각 카테고리에서 가장 가까운 사람을 선택할 수 있습니다.

또 다른 방법으로는 클러스터링 알고리즘을 사용하여 데이터를 그룹화하고 각 그룹의 대표적인 사원을 선택할 수 있습니다.

어떤 방법을 사용하길 원하시나요?

첫 번째 방법은 평균값이나 중앙값을 사용하는 통계적 방법이다. 두 번째 방법으로 제시하는 클러스터링 알고리즘(Clustering Algorithm)은 군집 분석이라고 한다. 주어진 데이터를 k개의 클러스터로 묶는 방식이다. 여기서는 클러스터링 알고리즘을 사용해 달라고 하자.

 클러스터링 알고리즘을 사용해줘.

 네, 클러스터링 알고리즘을 사용하여 진행해보겠습니다. 클러스터링은 비지도 학습 방법으로, 데이터의 특징에 따라 비슷한 그룹으로 분류하는 것을 목표로 합니다.

많이 사용되는 클러스터링 알고리즘 중 하나인 K-평균 알고리즘(K-means clustering algorithm)을 사용하겠습니다. 여기서 K는 클러스터의 수를 의미하며, 이 경우에는 4로 설정하겠습니다(대표적인 유형의 사원 4명을 원하시므로).

군집을 몇 개로 할 것인지 미리 지정하면 분석이 쉽고 편하다. 만약 임의의 대표 유형을 뽑겠다고 하면 k 값을 먼저 찾아야 하기 때문이다. 계속 보자.

먼저 데이터를 정규화하여 클러스터링을 진행해보겠습니다. 데이터의 스케일이 클러스터링에 영향을 미치기 때문에 이 단계는 중요합니다.

이어서 K-평균 클러스터링을 진행하고, 각 클러스터에서 가장 중심에 가까운 사원을 대표로 선택하겠습니다.

Finished working   Show work ⌄

클러스터링을 통해 각 그룹의 대표적인 신입사원을 찾았습니다. 아래는 각 그룹의 대표적인 신입사원의 정보입니다:

```
\[
\begin{{array}}{{ccccccc}}
\text{{인덱스}} & \text{{사번}} & \text{{나이}} & \text{{경력(단위: 년)}} & \text{{지역}} & \text{{서류점수}} &
\text{{면접점수}} & \text{{클러스터}} \\
0 & 230741 & 24 & 2 & 2 & 75 & 73 & 0 \\
1 & 230730 & 22 & 0 & 2 & 60 & 30 & 1 \\
2 & 230727 & 24 & 0 & 2 & 94 & 92 & 2 \\
3 & 230724 & 27 & 4 & 2 & 87 & 80 & 3 \\
\end{{array}}
\]
```

이 결과는 K-평균 클러스터링 알고리즘을 사용하여 신입사원들을 4개의 그룹으로 분류하고, 각 그룹의 대표적인 사원을 선택한 것입니다. 각 대표는 해당 그룹의 중심점에 가장 가까운 사원입니다. 따라서 이들 대표는 각 그룹의 평균적인 특성을 잘 나타내는 사원이라고 볼 수 있습니다.

여기서 대표 유형 4명의 사번, 나이, 경력 등을 확인할 수 있다.

만약 회장이 4명이 아니라 대표 유형의 신입사원 n명을 요청했다고 하자. 그러면 분석 과정이 좀 달라진다.

이 데이터에서 대표 유형의 신입사원을 n명 뽑고 싶다. k-평균 군집분석을 해줘.

 네, 이해했습니다. K-평균 군집 분석을 사용하여 데이터를 분석하고, 각 군집에서 대표적인 신입사원을 선택하도록 하겠습니다.

하지만 K-평균 군집 분석을 수행하기 전에, 군집의 개수(k)를 결정해야 합니다. 군집의 개수를 어떻게 결정할지 안내해주실 수 있으신가요? 그렇지 않다면, Elbow Method 등을 사용하여 최적의 군집 수를 찾아볼 수 있습니다.

 최적의 값을 찾아서 해줘.

 알겠습니다. k-means 클러스터링을 수행하기 전에, Elbow method를 사용하여 최적의 클러스터 개수를 찾아보겠습니다.

Elbow method는 클러스터 내 SSE (Sum of Squared Errors)를 계산하고 이를 클러스터 개수에 대해 그린다음, 그래프의 'elbow'라고 불리는 지점을 최적의 클러스터 개수로 선택하는 방법입니다.

또한, 모든 특징들을 클러스터링에 사용하시겠습니까, 아니면 특정 특징만 사용하시겠습니까? 만약 특정 특징만 사용하려면 어떤 특징을 사용하실지 알려주시기 바랍니다.

 모든 특징을 사용해줘.

 사번은 각 개체를 구별하는 식별자로 보이며, 이는 클러스터링에 사용되어서는 안됩니다. 따라서 '나이', '경력(단위: 년)', '지역', '서류점수', '면접점수' 이렇게 5가지 변수에 대해 k-means 클러스터링을 수행하겠습니다.

데이터가 준비되었으니, 이제 elbow method를 사용하여 최적의 k 값을 찾아보겠습니다. 이때, 보통 k의 값은 1부터 10 또는 1부터 20 사이의 값을 사용합니다.

'Elbow method'를 사용하여 최적의 클러스터 수 k를 찾았고, 그 값은 4입니다. 이는 클러스터 간의 분산을 최대화하고 클러스터 내의 분산을 최소화하는 최적의 클러스터 수를 의미합니다.

k 값을 찾았으면 데이터와 함께 4유형이나 4명을 뽑아달라고 하면 된다.

활용

 k-평균 군집분석을 어디에 사용할 수 있니? 사례 10가지를 알려줘

 k-평균 군집분석은 비지도 학습의 한 방법으로, 데이터를 'k'개의 클러스터로 나누는 알고리즘이다. 이 알고리즘은 초기에 임의로 설정된 중심점을 기준으로 데이터 포인트를 군집화하고, 각 군집의 평균값을 계산하여 새로운 중심점을 설정한다. 이 과정을 중심점의 변화가 없을 때까지 반복한다.

k-평균 군집분석의 목표는 군집 내의 분산을 최소화하고 군집 간 분산을 최대화하는 것으로, 즉, 같은 군집에 속한 데이터 포인트들은 서로 가까우면서 다른 군집에 속한 데이터 포인트들과는 멀게 분류하는 것이다.

이 알고리즘의 한 가지 주의점은 'k'의 값을 사용자가 사전에 정해야 한다는 것이다. 'k'값을 정하는 것은 문제에 따라 달라지며, 일반적으로는 여러 'k'값을 시도해보고 가장 적합한 값을 선택한다. 이런 방식으로 데이터의 숨겨진 구조나 패턴을 찾는 데 k-평균 군집분석이 널리 사용된다.

사용된다.

　다음은 그 예시들이다.

- 고객 세분화 : 고객의 구매 이력, 선호도, 라이프스타일 등을 바탕으로 비슷한 특성을 가진 고객들을 군집화하고, 각 군집에 맞는 마케팅 전략을 수립할 수 있다.

- 이미지 분할 : 이미지에서 색상의 유사성을 기반으로 픽셀을 군집화하면 이미지를 여러 영역으로 분할하는데 사용할 수 있다.

- 문서 분류 : 문서의 키워드 빈도 등을 바탕으로 비슷한 주제를 가진 문서들을 군집화하고, 이를 통해 문서 분류를 수행할 수 있다.

- 사회 네트워크 분석 : 소셜 미디어 사용자의 활동 패턴, 친구 관계 등을 바탕으로 유사한 특성을 가진 사용자들을 군집화하면, 커뮤니티 탐지나 영향력 분석 등에 활용할 수 있다.

- 생물 정보학 : 유전자 표현 패턴 등을 바탕으로 유사한 기능을 가진 유전자들을 군집화하면, 유전자 기능의 이해나 질병 연구에 도움이 될 수 있다.

- 이상치 탐지 : 데이터의 패턴을 기반으로 군집을 생성하고, 군집에 속하지 않는 데이터를 이상치로 간주하는 방식으로 이상치 탐지에 활용할 수 있다.

- 지리적 클러스터링 : 위치 정보를 바탕으로 관련성 있는 지역을 군집화하면, 부동산 가격 예측이나 전염병 확산 패턴 분석 등에 활용할 수 있다.

- 추천 시스템 : 사용자의 행동 패턴이나 선호도를 바탕으로 비슷한 취향을 가진 사용자들을 군집화하면, 개인화된 추천을 제공하는 데 활용할 수 있다.

- 공급망 최적화 : 제품, 공급업체, 고객 등을 유사한 특성에 따라 군집화하면, 효율적인 재고 관리나 배송 경로 설정에 활용할 수 있다.

- 의료 데이터 분석 : 환자의 의료 기록이나 유전 정보 등을 바탕으로 비슷한 특성을 가진 환자들을 군집화하면, 질병 진단이나 치료 방안 개발에 활용할 수 있다.

19

유튜브 알고리즘처럼
고객별 맞춤 제품 추천하기
(협업 필터링)

상황

유명 포털의 온라인 오픈마켓에서 쇼핑몰을 운영하는 강 대표는 그간의 사용자 평점 등의 데이터를 기반으로 주요 사용자에게 상품을 추천하고 싶다.

마침 오픈마켓 관리자 화면에서 김 대표의 상품에 평점을 매긴 사용자 아이디와 상품 아이디, 그리고 평점을 확인할 수 있어서 일단 엑셀로 다운로드했다. 여기서 1번부터 10번까지 아이디를 가진 사용자에게 가장 평점을 높이줄 것으로 기대하는 상품을 추천하고 싶다.

데이터

📄 19.유튜브알고리즘처럼고객별맞춤제품추천하기 〉 **쇼핑몰사용자평점정보**.xlsx

	A	B	C
1	유저ID	아이템ID	평점
2	1	18	1
3	1	13	4
4	1	5	1
5	1	15	2
6	1	1	2
7	1	3	5
8	1	4	5
9	2	4	3
10	2	18	3
11	2	10	5

유저는 100명, 아이템은 20가지다. 평점은 5점 척도다.

분석

일단 파일을 올리고 원하는 것을 얘기하자.

  쇼핑몰사용자평점정보.xlsx

사용자ID가 1번부터 10번까지인 고객에게 가장 평점을 높게 줄 아이템을 각각 1개씩 추천하고 싶다. 추천 아이템은 해당 사용자가 평점을 주지 않은 아이템이어야 한다.

 제공된 파일을 확인하고 데이터 분석에 필요한 작업을 시작하겠습니다. 먼저, 파일을 불러와 데이터 구조를 파악하겠습니다. 이를 위해 pandas라는 Python 라이브러리를 사용할 것입니다. Pandas는 데이터 분석을 위한 효율적인 데이터 구조를 제공합니다.

Finished working　　　Show work ⌄

데이터에는 다음과 같은 열이 있습니다:

- "User ID": 사용자의 ID입니다. 이 ID는 사용자를 구분하는 데 사용됩니다.

- "Item ID": 아이템의 ID입니다. 이 ID는 개별 아이템을 구분하는 데 사용됩니다.
- "Rating": 사용자가 아이템에 부여한 평점입니다.

이제 우리는 각 사용자에 대해 아직 평점을 주지 않은 아이템 중에서 평점이 가장 높은 아이템을 찾아야 합니다. 이를 위해 먼저 아이템별 평균 평점을 계산하겠습니다. 그런 다음 각 사용자가 아직 평점을 주지 않은 아이템 중에서 평점이 가장 높은 아이템을 찾겠습니다.

코드 인터프리터는 평점이 가장 높은 아이템을 찾는다고 한다. 일반적으로는 우리도 누구에게 상품을 추천할 때 가장 평점을 높게 받은 것을 추천한다. 일단 계속 보자.

Finished working　　　Show work ⌄

각 사용자에게 추천되는 아이템의 ID는 다음과 같습니다:

- 사용자 1: 아이템 14
- 사용자 2: 아이템 14
- 사용자 3: 아이템 14
- 사용자 4: 아이템 14
- 사용자 5: 아이템 14
- 사용자 6: 아이템 14
- 사용자 7: 아이템 20
- 사용자 8: 아이템 17
- 사용자 9: 아이템 14
- 사용자 10: 아이템 14

참고로 이 추천은 각 사용자가 아직 평점을 주지 않은 아이템 중에서 평균 평점이 가장 높은 아이템을 선택한 것입니다. 그러나 이 방법은 아직 평점을 받지 않은 아이템이나 평점의 개수가 적어서 신뢰할 수 없는 아이템을 고려하지 않습니다. 이러한 문제를 해결하기 위해 더 복잡한 추천 시스템 알고리즘을 사용할 수 있습니다.

실제로 가장 평점이 높은 아이템은 14번이다. 아이템별 평균 평점을 알려 달라고 해 보자.

 아이템별 평균 평점과 표준편차를 알려줘. 평균 평점을 내림차순으로 보여줘.

 아이템별 평균 평점을 내림차순으로 정렬한 결과는 다음과 같습니다:

아이템 ID	평균 평점	표준편차
14	3.38	1.50
20	3.37	1.37
17	3.25	1.43
6	3.15	1.35
10	2.96	1.55
12	2.96	1.54

하지만 우리는 좀 더 복잡한 추천 시스템 알고리즘을 사용해 보자.

 더 복잡한 추천 시스템 알고리즘을 사용해줘.

네, 알겠습니다. 더 복잡한 추천 시스템 중 하나인 협업 필터링(Collaborative Filtering)을 사용해보겠습니다.

협업 필터링은 사용자의 과거 행동과 다른 사용자의 결정을 기반으로 사용자의 관심사를 예측하는 방법입니다. 사용자-아이템 상호 작용(여기서는 평점)을 기반으로 하며, 이러한 상호 작용을 바탕으로 사용자와 아이템 간의 관계를 찾아낼 수 있습니다.

협업 필터링에는 주로 두 가지 종류가 있습니다:

- 사용자 기반(User-based) 협업 필터링: '사용자 A와 유사한 다른 사용자들이 좋아하는 아이템'을 추천하는 방식입니다.
- 아이템 기반(Item-based) 협업 필터링: '사용자 A가 좋아하는 아이템과 유사한 아이템'을 추천하는 방식입니다.

여기서는 사용자 기반 협업 필터링을 적용해보겠습니다. 사용자 간의 유사도를 계산하기 위해 코사인 유사도를 사용하겠습니다. 코사인 유사도는 두 벡터 간의 코사인 각도를 이용하여 두 벡터의 유사도를 측정합니다. 그런 다음 가장 유사한 사용자를 찾고, 이 사용자가 높게 평가한 아이템을 해당 사용자에게 추천하겠습니다.

Finished working   Show work ∨

협업 필터링을 사용하여 각 사용자에게 추천되는 아이템의 ID는 다음과 같습니다:

- 사용자 1: 아이템 2
- 사용자 2: 아이템 2
- 사용자 3: 아이템 1
- 사용자 4: 아이템 1
- 사용자 5: 아이템 1
- 사용자 6: 아이템 1
- 사용자 7: 아이템 1
- 사용자 8: 아이템 1

- 사용자 9: 아이템 1
- 사용자 10: 아이템 1

이 결과는 각 사용자와 가장 유사한 사용자가 아직 평점을 주지 않은 아이템 중에서 가장 높게 평가한 아이템을 추천한 것입니다.

코드 인터프리터는 사용자 기반 협업 필터링을 적용했다. 결과는 단순 평점 평균과는 많이 다르다. 기대한 것과도 많이 다르다. 실제로 아이템 1과 2는 평점 순위에서는 하위에 속한다.

이번에는 사용자 기반 협업 필터링 대신 아이템 기반 협업 필터링을 적용해 달라고 하자.

 아이템 기반 협업 필터링을 사용해서 알려줘.

 네, 아이템 기반 협업 필터링을 사용해보겠습니다.
아이템 기반 협업 필터링은 '사용자 A가 좋아하는 아이템과 유사한 아이템'을 추천하는 방식입니다. 아이템 간의 유사도를 계산하기 위해 코사인 유사도를 사용하겠습니다. 그런 다음 사용자가 높게 평가한 아이템과 가장 유사한 아이템을 해당 사용자에게 추천하겠습니다. 이 방법은 아이템의 수가 사용자의 수보다 많지 않은 경우, 즉 아이템의 수가 비교적 작은 경우에 잘 작동합니다.

원래 데이터는 아이템 수가 20개, 유저 수가 100명이다. 그렇다면 아이템 수가 유저 수보다 적으니 아이템 기반 협업 필터링이 더 정확해 보인다.

 Finished working   Show work ✓

아이템 기반 협업 필터링을 사용하여 각 사용자에게 추천되는 아이템의 ID는 다음과 같습니다:

- 사용자 1: 아이템 11
- 사용자 2: 아이템 13
- 사용자 3: 아이템 20
- 사용자 4: 아이템 13
- 사용자 5: 아이템 20
- 사용자 6: 아이템 8
- 사용자 7: 아이템 20
- 사용자 8: 아이템 8
- 사용자 9: 아이템 1
- 사용자 10: 아이템 20

이 결과는 각 사용자가 높게 평가한 아이템과 가장 유사한 아이템을 추천한 것입니다. 이 방법은 사용자의 개인적인 취향과 아이템 간의 유사도를 모두 고려하므로, 사용자 기반 협업 필터링과 비교해 봤을 때 다른 종류의 추천을 제공할 수 있습니다. 그러나 이 방법도 사용자 기반 협업 필터링과 마찬가지로 새로운 사용자나 새로운 아이템에 대한 추천(일명 콜드 스타트 문제)을 제공하는 데 어려움이 있을 수 있습니다. 이러한 문제를 해결하기 위해 하이브리드 방식(협업 필터링과 콘텐츠 기반 필터링을 결합한 방식)을 사용할 수 있습니다.

사용자 기반 협업 필터링과 결과가 사뭇 다르다. 이번에는 하이브리드 방식을 사용해 보자.

하이브리드 방식을 사용해줘.

하이브리드 추천 시스템은 콘텐츠 기반 필터링과 협업 필터링의 장점을 결합한 방식입니다. 콘텐츠 기반 필터링은 아이템의 속성을 바탕으로 추천을 제공하는 방식이며, 협업 필터링은 사용자의 행동을 바탕으로 추천을 제공하는 방식입니다.

하이브리드 추천 시스템은 이 두 가지 방식을 결합하여, 콘텐츠 기반 필터링의 콜드 스타트 문제와 협업 필터링의 계산 비용 문제를 동시에 해결할 수 있습니다. 또한 하이브리드 추천 시스템은 두 가지 방식의 장점을 모두 활용하여 보다 정확한 추천을 제공할 수 있습니다.

그러나 현재 제공된 데이터에는 아이템의 속성 정보가 포함되어 있지 않아, 콘텐츠 기반 필터링이나 하이브리드 추천 시스템을 적용하는 것이 불가능합니다. 콘텐츠 기반 필터링이나 하이브리드 추천 시스템을 적용하려면 아이템의 속성 정보(예: 제품 카테고리, 브랜드, 가격 등)를 포함한 추가 데이터가 필요합니다.

만약 아이템의 속성 정보가 더 있다면 콘텐츠 기반 필터링이나 하이브리드 추천 시스템을 사용할 수 있을 것이다.

일단 여기까지 한 결과를 표 하나로 정리해 보자.

 사용자 아이디, 평균 평점 기준 추천 상품, 사용자 기반 협업 필터링 기준 추천 상품, 아이템 기반 협업 필터링 기준 추천 상품을 보여줘.

 다음은 각 사용자에 대한 추천 아이템의 요약입니다:

사용자 아이디	평균 평점 기준 추천 상품	사용자 기반 협업 필터링 추천 상품	아이템 기반 협업 필터링 기준 추천 상품
1	14	2	1
2	14	2	13
3	14	1	20
4	14	1	13
5	14	1	20
6	14	1	8
7	20	1	20
8	17	1	8
9	14	1	1
10	14	1	20

이렇게 나온 결과를 참고해서 추천 상품을 선택하면 되겠다. 아이템 수가 적을 때는 아이템 기반 협업 필터링을 사용하고, 반대면 사용자 기반 협업 필터링을 사용하자. 그리고 동시에 베스트 평점 상품이나 베스트셀러 상품도 추천하자.

활용

 협업 필터링을 어디에 사용할 수 있니? 사례 10가지를 알려줘.

 협업 필터링은 추천 시스템에서 가장 널리 사용되는 기법 중 하나로, 사용자들의 과거 행동 및 평가 패턴을 분석하여 추천을 생성한다. 이 기법의 기본 가정은 '과거에 비슷한 선호도를 보였던 사용자들은 미래에도 비슷한 선호도를 보일 것이다'이다.

협업 필터링에는 주로 두 가지 유형이 있다: 사용자 기반(user-based) 협업 필터링과 아이템 기반(item-based) 협업 필터링. 사용자 기반 협업 필터링은 특정 사용자와 유사한 선호도를 가진 다른 사용자들을 찾아 그들이 좋아하는 아이템을 추천한다. 반면, 아이템 기반 협업 필터링은 사용자가 과거에 선호했던 아이템과 유사한 아이템을 추천한다.

협업 필터링의 장점은 사용자의 개인적인 취향을 잘 반영한다는 것이다. 그러나 새 사용자나 새 아이템에 대한 정보가 부족한 경우, 추천의 정확도가 떨어지는 문제, 즉 '콜드 스타트 문제'가 발생할 수 있다.

다음은 그 예시들이다:

- 영화 추천 : 사용자의 영화 평가 데이터를 분석하여, 비슷한 취향을 가진 사용자가 좋아하는 영화를 추천하는데 활용될 수 있다. Netflix나 Amazon Prime Video 같은 서비스가 이 방식을 사용하고 있다.

- 음악 추천 : Spotify, Pandora 같은 음악 스트리밍 서비스에서 사용자의 재생 이력을 바탕으로 새로운 노래나 아티스트를 추천하는데 활용할 수 있다.

- 책 추천 : Amazon이나 Goodreads에서 사용자가 평가한 책을 바탕으로 새로운 책을 추천하는데 활용되고 있다.
- 상품 추천 : 사용자의 구매 이력이나 상품 평가를 바탕으로 비슷한 선호도를 가진 사용자가 선호하는 상품을 추천하는데 사용될 수 있다.
- 소셜 네트워킹 : Facebook, LinkedIn 같은 소셜 네트워크에서 사용자와 비슷한 관심사를 가진 새로운 친구나 그룹을 추천하는데 활용될 수 있다.
- 여행 사이트 : 사용자가 평가한 호텔, 관광지, 음식점 등을 바탕으로 새로운 여행지를 추천하는데 활용될 수 있다.
- 뉴스 추천 : 사용자의 뉴스 이용 패턴을 바탕으로 관심있을 만한 뉴스 기사를 추천하는데 사용될 수 있다.
- 비디오 게임 추천 : 사용자가 선호하는 게임 유형, 플레이 스타일 등을 바탕으로 새로운 게임을 추천하는데 활용될 수 있다.
- 식당 추천 : Yelp 같은 서비스에서 사용자의 평가를 바탕으로 새로운 식당을 추천하는데 사용될 수 있다.
- 학습 자료 추천 : 학생의 학습 선호도나 진도 상황을 바탕으로 적절한 학습 자료를 추천하는 온라인 교육 플랫폼에서 활용될 수 있다.

20

팀원 이메일 송수신 정보로
소통 분석하기
(소셜 네트워크 분석)

상황

베트남 한국지사의 의류제조업 생산팀에서 일하는 박 팀장은 팀원 20명이 얼마나 잘 소통하는지 궁금하다. 최근에 누가 누구에게 얼마나 이메일을 보내고 받았는지 분석하면 뭔가 의미 있는 것을 찾을 수 있다고 한다. 최 팀장은 팀에서 오간 메일을 IT팀에 요청해서 엑셀로 받았다.

데이터

📄 20.팀원이메일송수신정보로소통분석하기 〉 **생산팀이메일송수신목록**.xlsx

	A	B	C
1	**Date**	**Sender**	**Receiver**
2	2023-01-01	Jason	Elizabeth
3	2023-01-01	Brianna	Francisco
4	2023-01-01	Kevin	Erica
5	2023-01-01	Kevin	Jason
6	2023-01-01	Timothy	Robert
7	2023-01-01	Amy	Erica
8	2023-01-01	Robert	Krystal
9	2023-01-01	Elizabeth	Robert
10	2023-01-01	Leon	Francisco
11	2023-01-01	Brianna	Mark

데이터는 총 1,000행이고, 직원 이름은 영어 닉네임을 사용한다.

분석

여러 사람의 관계를 알고자 할 때는 소셜 네트워크 분석이 좋다. 일단 바로
파일을 올리고 소셜 네트워크 분석을 해달라고 하자.

  생산팀이메일송수신목록.xlsx

소셜 네트워크 분석을 해줘.

 네, 제공하신 파일을 분석하여 소셜 네트워크 분석을 진행하겠습니다. 이를 위
해, 파일을 먼저 열어서 어떤 데이터가 있는지 확인해봐야 합니다.
데이터를 처리하고 분석을 진행하기 위해 판다스와 네트워크 분석 라이브러리
인 NetworkX를 사용하겠습니다.

Finished working   Show work ⌄

제공하신 파일에는 'Date', 'Sender', 'Receiver' 세 개의 열이 있습니다. 이
데이터는 이메일의 날짜와 발신자(Sender), 수신자(Receiver)에 대한 정보를
담고 있습니다.
이를 기반으로 소셜 네트워크 분석을 진행하겠습니다. 소셜 네트워크 분석에서
는 보통 노드(node)와 엣지(edge)를 기반으로 네트워크를 구성합니다. 이 경
우, 노드는 개인(이메일의 발신자와 수신자)을 나타내고, 엣지는 이메일 교환을
나타냅니다.
NetworkX를 사용하여 이러한 네트워크를 생성하고, 이를 시각화해보겠습니
다. 이 때, 각 노드의 크기는 해당 노드가 가지는 연결의 수(degree)에 비례하
도록 하겠습니다. 이는 노드가 네트워크 내에서 얼마나 중요한 역할을 하는지를
나타내는 지표가 됩니다.

Finished working   Show work ⌄

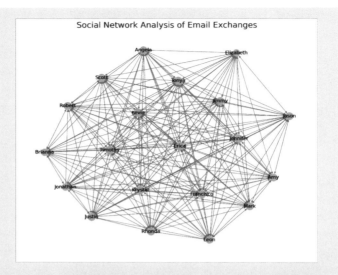

Social Network Analysis of Email Exchanges

위의 그래프는 생산팀의 이메일 교환을 기반으로 한 소셜 네트워크를 나타냅니다. 각 노드는 이메일의 발신자 또는 수신자를 나타내며, 방향성이 있는 화살표는 이메일의 송수신 관계를 나타냅니다. 노드의 크기는 해당 노드와 연결된 엣지의 수 (즉, 해당 노드가 얼마나 많은 이메일을 송수신하였는지)에 비례합니다.

소셜 네트워크 분석을 통해 네트워크 그래프를 그릴 수 있다. 일반적으로 굵은 선이 상대적으로 많은 관계를 의미한다. 여기서는 메일 교환 빈도가 높은 것을 뜻한다. 계속 보자.

그러나 네트워크 분석에서는 단순히 그래프를 그리는 것보다, 특정 지표를 통해 네트워크의 특성을 파악하는 것이 중요합니다. 예를 들어, 다음과 같은 질문들에 대한 답을 찾을 수 있습니다:

- 어떤 노드가 가장 많은 이메일을 보냈는가? (out-degree)
- 어떤 노드가 가장 많은 이메일을 받았는가? (in-degree)
- 어떤 노드가 네트워크 내에서 가장 중요한 위치에 있는가? (중심성 지표)

직원이 많고 관계가 복잡하면 그래프를 보기가 어렵다. 이럴 때는 누가 메일을 많이 보냈는지 적게 보냈는지, 누가 핵심 인물인지 바로 확인하는 것이 좋다.

 엑셀로 출력해줘.

 네트워크 분석 결과를 엑셀 파일로 저장했습니다. 아래 링크를 통해 다운로드하실 수 있습니다.

email_network_metrics.xlsx 다운로드

엑셀을 열어보면 다음과 같다. Out-degree는 보내는 메일 수, In-degree는 받은 메일 수라고 보면 된다.

	A	Out-degree	In-degree	Betweenness Centrality
1		Out-degree	In-degree	Betweenness Centrality
2	Jennifer	19	19	0.005136889
3	Kevin	19	17	0.003901161
4	Erica	19	17	0.004599393
5	Timothy	19	19	0.005136889
6	Krystal	19	17	0.003694046
7	Tonya	19	18	0.004769959
8	Scott	18	18	0.004118138
9	Francisco	18	18	0.004593592
10	Jimmy	18	18	0.00420953
11	Rhonda	18	17	0.004061898

여기서 중심성 지표를 알아보자. 네트워크 분석에서 중심성(Centrality) 지표는 네트워크 내의 특정 노드가 얼마나 중요한지를 측정하는 방법이다. 중심성 지표는 여러 가지가 있으며, 대표적으로 Betweenness Centrality가 있다. 이 지표는 특정 노드가 네트워크 내의 다른 노드들 사이에서 얼마나 중개역할을 하는지 측정한다. 높은 Betweenness Centrality 값을 가진 노드는 정보 흐름에 있어 중요한 브릿지 역할을 한다고 볼 수 있다. 이는 해당 노드

없이는 다른 노드 간의 연결이 끊어질 수 있다는 것을 의미하며, 따라서 이 노드가 네트워크에 큰 영향력을 가지고 있다고 할 수 있다.

 중심성 지표를 자세히 분석해줘.

 위에서 계산한 결과를 보면, Jennifer, Timothy, Tonya, Erica, Francisco가 가장 높은 Betweenness Centrality 값을 가지고 있습니다. 이는 이들이 이메일 송수신 네트워크에서 중요한 역할을 하고 있음을 의미합니다.
이렇게 중심성 지표를 통해 네트워크 내에서 중요한 역할을 하는 노드를 파악하는 것은 조직의 커뮤니케이션 패턴을 이해하는 데 도움이 됩니다.

즉 메일을 많이 주고받고 하는 것보다 더 중요한 것은 누가 메일의 중심에 있느냐 하는 것이다. 여기서는 Jennifer, Timothy, Tonya다. 만약 메일로 소통하는 것이 중요하다면 이 세 사람을 소통의 핵심 인물로 삼아 전략을 짜야 한다.

활용

 소셜 네트워크 분석을 어디에 사용할 수 있니? 사례 10가지를 알려줘.

 소셜 네트워크 분석은 개인, 단체, 사물 등의 객체들 간의 관계와 이에 따른 네트워크 구조를 분석하는 방법이다. 이 분석에서는 객체들을 '노드'라고 하며, 노드 간의 관계를 '엣지'라고 한다.
이 분석은 네트워크 구조를 통해 정보의 전달, 영향력의 분산, 그룹 내의 중요한 노드 등을 파악할 수 있다. 예를 들어, 소셜 네트워크 분석을 통해 사회 네트워크에서 가장 영향력 있는 사람을 찾거나, 전염병의 확산 경로를 추적하거나, 인터넷의 정보 전달 경로를 분석하는 데 사용될 수 있다.

소셜 네트워크 분석에서는 네트워크의 크기, 밀도, 중심성, 군집화 계수 등 다양한 네트워크 지표를 사용하여 네트워크의 특성을 분석한다. 이런 지표들은 네트워크의 전반적인 구조와 개별 노드의 중요성을 평가하는 데 도움을 준다. 다음은 그 예시들이다.

- 소셜미디어 분석 : 트위터나 페이스북 같은 소셜 미디어에서 사용자들의 상호작용을 분석하여, 영향력 있는 계정, 트렌드, 정보 전파 패턴 등을 파악하는데 사용될 수 있다.
- 마케팅 : 소비자들 사이의 네트워크를 분석해 특정 제품이나 브랜드에 대한 정보가 어떻게 전파되는지를 이해하고, 이를 바탕으로 마케팅 전략을 세우는 데 활용할 수 있다.
- 사회학 연구 : 개인이나 그룹 사이의 관계를 분석하여 사회적 연결망, 지역 사회의 구조, 사회적 계층 등을 연구하는데 사용될 수 있다.
- 생물학 : 유전자, 단백질 등의 상호작용을 네트워크로 표현하고 분석하여, 생물학적 시스템의 구조와 기능을 이해하는데 활용될 수 있다.
- 조직 연구 : 조직 내에서 직원들이 어떻게 상호작용하는지를 분석하고, 이를 바탕으로 팀 구성, 커뮤니케이션 흐름, 리더십 스타일 등을 개선하는데 활용될 수 있다.
- 보건 연구 : 특정 지역이나 집단에서 건강 정보, 질병, 행동 등이 어떻게 전파되는지를 분석하는데 사용될 수 있다.
- 사이버 보안 : 해커 네트워크를 분석하여, 공격 패턴을 이해하고 사이버 위협을 예방하는데 활용될 수 있다.
- 통신 네트워크 분석 : 통신 네트워크의 구조와 성능을 이해하고, 네트워크 설계, 운영, 최적화에 사용될 수 있다.
- 재무 네트워크 분석 : 금융 기관들 사이의 거래를 분석하여, 금융 위기 발생 가능성, 리스크 전파 메커니즘 등을 분석하는데 활용될 수 있다.
- 교육 분야 : 학생들 사이의 상호작용을 분석하여, 학습 동기, 그룹 내 역할, 학습 효과 등을 이해하고 교육 방법을 개선하는데 사용될 수 있다.

21

효율적인
상품 배송 방법 찾기
(최적화 모델과 그리디 알고리즘)

상황

자동차 부품회사 배송팀을 맡은 안 팀장은 배송 전반을 검토하고 싶다. 팀원에게 배송 관련 데이터를 달라고 해서 보니 배송ID, 출발지, 목적지, 배송 거리, 배송 시간, 배송 비용, 배송 용량이 있었다. 그는 배송의 효율을 높일 개선 포인트를 찾고 싶은데 딱히 떠오르는 게 없다.

데이터

📄 21.효율적인상품배송방법찾기 〉 배송정보.xlsx

	A	B	C	D	E	F	G
1	배송 ID	출발지	목적지	배송 거리(km)	배송 시간(hr)	배송비용($)	배송 용량
2	1	창고 C	지점 Z	110.6	4.1	170.13	대형
3	2	창고 A	지점 Z	59.7	1.2	106.86	중형
4	3	창고 C	지점 Z	88.1	5	405.35	중형
5	4	창고 C	지점 X	87	2.9	422.77	소형
6	5	창고 A	지점 Z	154.4	2.1	238.52	소형
7	6	창고 A	지점 Z	156.8	4.5	285.87	소형
8	7	창고 C	지점 X	72.2	4	359.91	중형
9	8	창고 B	지점 Z	199.7	4.8	119.22	대형
10	9	창고 C	지점 X	90	2.3	479.66	소형
11	10	창고 C	지점 Y	196.5	3.2	454.67	소형

챗GPT와 데이터 분석 with 코드 인터프리터

해결

배송을 효율화하기 위해 사용할 수 있는 방법 중에 최적화 모델이 있다. 일단 파일을 올리고 최적화 모델로 최적의 경로를 찾아달라고 해보자.

  배송정보.xlsx

최적화 모델로 최적의 경로를 찾아줘.

 확인해 보니 '배송정보.xlsx' 파일이 업로드 되었습니다. 이 파일을 열어서 어떤 정보가 들어있는지 확인해 보겠습니다.

Finished working   Show work ∨

업로드한 파일에는 다음과 같은 정보가 있습니다:

- 배송 ID
- 출발지
- 목적지
- 배송 거리(km)
- 배송 시간(hr)
- 배송비용($)
- 배송 용량

해당 정보를 통해 어떤 최적화 문제를 해결하려고 하는지 좀 더 구체적으로 알려주실 수 있을까요? 예를 들어, 총 배송비용을 최소화하거나, 총 배송 시간을 최소화하는 경로를 찾는 등의 목표를 설정할 수 있습니다.

최적화 문제를 해결하려면 이렇게 특정 목표를 설정해야 한다. 배송 비용을 최적화하든지, 배송 시간을 최적화하든지 결정이 필요하다.

배송 비용을 최소화하고 싶다.

 배송비용을 최소화하는 문제를 해결하기 위해, 우리는 이 문제를 '최소 비용 유량 문제(Minimum Cost Flow Problem)'로 모델링할 수 있습니다.

이 문제는 그래프에서 각 간선에 비용과 용량이 할당되어 있을 때, 주어진 소스에서 주어진 싱크로의 최소 비용의 유량을 찾는 최적화 문제입니다. 우리의 경우, 간선은 배송 경로를, 비용은 배송 비용을, 용량은 배송 용량을 나타내고, 우리는 창고에서 지점으로의 최소 비용의 유량을 찾을 것입니다.

이 문제를 해결하기 위해서는 선형 프로그래밍 또는 네트워크 플로우 알고리즘을 사용할 수 있습니다. 이를 위해 파이썬의 networkx 라이브러리를 사용할 수 있습니다.

하지만 우선, 출발지와 목적지의 목록을 파악해야 합니다. 그럼 이제 그것부터 시작해 보겠습니다.

> Finished working   Show work ∨

출발지로는 '창고 A', '창고 B', '창고 C'가 있고, 목적지로는 '지점 X', '지점 Y', '지점 Z'가 있습니다.

이제 이 정보를 바탕으로 네트워크를 구성하고, 최소 비용 유량 문제를 해결해 보겠습니다. 이를 위해선 각 경로의 용량을 알아야 하는데, '대형', '중형', '소형'을 각각 숫자로 변환해야 합니다. 이 변환은 어떻게 진행될까요? 예를 들어, '소형'을 1, '중형'을 2, '대형'을 3 등으로 변환할 수 있습니다.

엑셀에서는 배송 용량이 대형, 중형, 소형으로 문자로 되어 있어서 정확한 계산을 할 수가 없다. 그래서 코드 인터프리터가 대형을 3, 중형을 2, 소형을 1로 수치화하려고 한다.

만약 배송 용량에 정확한 수치가 있다면 대형은 100리터, 중형은 60리터, 소형은 30리터 식으로 수치를 알려주면 된다. 여기서는 일단 코드 인터프리터가 제시한 대로 하자.

좋아

 이제 '배송 용량'을 숫자로 변환하였습니다. 그럼 이제 이 정보를 바탕으로 네트워크를 구성하고 최소 비용 유량 문제를 해결해 보겠습니다. 이 문제를 해결하기 위해 networkx 라이브러리를 사용할 것입니다.

networkx 라이브러리는 파이썬에서 그래프와 네트워크를 다루는 데 매우 편리한 도구입니다. 이를 이용해서 배송비용을 최소화하는 경로를 찾아보겠습니다.

Finished working   Show work ⌄

최소 비용 유량 문제의 해결 방안은 다음과 같습니다:

- 창고 C에서 지점 Z로 1개의 배송을 진행합니다.
- 창고 A에서 지점 X로 1개의 배송을 진행합니다.
- 창고 B에서 지점 Y로 1개의 배송을 진행합니다.

이 방안은 총 배송 비용을 최소화하도록 설계되었습니다. 각 배송 경로의 배송 비용을 확인하려면 아래와 같이 진행할 수 있습니다.

따라서 이 배송 경로를 따르면 총 배송 비용이 $651.45로 최소화됩니다.

이 최적화 모델은 주어진 배송 정보를 바탕으로 최소 비용의 배송 경로를 찾는 데 사용되었습니다. 이 모델은 배송 비용뿐만 아니라 배송 용량과 같은 다른 제약 조건을 고려하여 최적의 해결책을 찾을 수 있습니다.

결과가 나오긴 했는데 뭔가 좀 이상하다. 뭔가 조건을 덜 준 듯한 느낌이다. 최적화 모델을 사용하려면 보다 구체적인 조건을 주어야 목표 함수를 만들 수 있다. 예를 들어 트럭은 몇 대이고 트럭 한 대에 얼마나 실을 수 있는지, 무엇을 줄이고 싶은지 구체적으로 말해야 한다.

새로운 채팅창을 열고 다시 시작해 보자.

배송정보.xlsx

엑셀 데이터는 오늘 배송해야 할 목록이다. 다음 조건을 충족하는 트럭별 최적 경로를 알려줘.

트럭은 총 10대가 있고 차량번호는 101부터 110까지다.

배송 용량은 대형이 3톤, 중형이 2톤, 소형이 1톤이다.

트럭 한 대에 최대 10톤을 실을 수 있다.

배송 비용을 최소화하고 싶다.

배송 비용을 최소화하는 트럭별 최적 경로를 찾기 위한 문제를 정의하고 해결해 보겠습니다. 이 문제는 복잡한 최적화 문제이며, 다양한 제약 조건을 고려해야 합니다. 여기서는 배송 용량과 트럭의 총 용량을 고려하고, 배송비용을 최소화 해야 합니다.

먼저, 배송 용량을 톤 단위로 변환해야 합니다. 대형은 3톤, 중형은 2톤, 소형은 1톤으로 정의했습니다. 이 정보를 바탕으로 용량을 톤 단위로 변환하겠습니다.

Finished working　　　Show work ∨

이제 복잡한 최적화 문제를 해결하기 위해 선형 프로그래밍을 사용하겠습니다. 이는 비용 함수를 최소화하거나 최대화하면서 제약 조건을 충족하는 변수의 최적 값을 찾는 기술입니다. 문제를 해결하기 위해 PuLP 패키지를 사용할 것입니다. 이 패키지는 선형 프로그래밍 문제를 쉽게 정의하고 해결할 수 있게 해줍니다.

먼저, 각 배송이 선택되는지 여부를 나타내는 이진 변수를 만듭니다. 이 변수의 값은 배송이 선택되면 1, 그렇지 않으면 0이 됩니다. 그런 다음 이 변수를 사용 하여 최소화하려는 목표 함수 (배송 비용)를 정의합니다. 이 비용 함수는 선택된 배송의 비용 합계입니다.

또한, 트럭의 최대 용량을 고려한 제약 조건을 추가해야 합니다. 각 트럭에 대해, 선택된 배송의 총 용량은 트럭의 최대 용량을 초과할 수 없습니다.

이를 통해 우리는 각 트럭에 대한 최적의 배송 경로를 결정할 수 있습니다.

Finished working　　　Show work ∨

죄송합니다. 현재 환경에서는 PuLP 패키지를 사용할 수 없습니다. PuLP는 선형 프로그래밍 문제를 정의하고 해결하는데 사용되는 Python 라이브러리입니다. 불행히도, 이 환경에서는 PuLP와 같은 외부 패키지를 설치할 수 없습니다. 따라 서, 다른 방법을 사용해 문제를 해결해야 합니다.

PuLP는 외부 패키지라서 설치할 수 없다고 한다. 대신 다른 방법을 알려
준다.

제약조건을 고려한 복잡한 최적화 문제는 일반적으로 선형 프로그래밍, 정수 프
로그래밍, 혹은 유전 알고리즘과 같은 고급 알고리즘을 사용하여 해결합니다.
이러한 알고리즘은 복잡한 제약 조건을 처리하면서 목표 함수를 최적화하는 방
법을 제공합니다.

하지만 이러한 알고리즘들은 상당한 계산 능력을 필요로 하며, 종종 전문적인
최적화 라이브러리나 툴을 필요로 합니다. 이 환경에서는 이러한 라이브러리나
툴을 사용할 수 없기 때문에, 문제를 완전히 해결하는 것은 어려울 수 있습니다.
이 문제를 완전히 해결하려면, PuLP와 같은 최적화 라이브러리를 지원하는 환
경에서 코드를 실행해야 합니다. 해당 환경에서 코드를 실행하면, 각 트럭의 최
적 배송 경로를 결정하는데 필요한 해결책을 얻을 수 있습니다.

그럼에도 불구하고, 이 환경에서 가능한 다른 접근 방식을 제안할 수 있습니다.
예를 들어, 각 배송의 비용 효율성을 계산하고, 가장 효율적인 배송부터 선택하
여 트럭에 배정하는 그리디 알고리즘을 사용할 수 있습니다. 이 접근 방식은 완
벽한 해결책을 제공하지는 않지만, 문제의 근사적인 해결책을 제공할 수 있습니
다. 이러한 접근 방식으로 진행하길 원하시나요?

코드 인터프리터가 제시하는 다른 방법을 사용해 보자.

네

Finished working   Show work ∨

트럭 별로 선택된 배송은 다음과 같습니다:

- 트럭 101: 배송 ID [7, 69, 77, 11]
- 트럭 102: 배송 ID [68, 54, 1, 88]
- 트럭 103: 배송 ID [0, 98, 78, 84]

- 트럭 104: 배송 ID [24, 81, 32, 75, 34]
- 트럭 105: 배송 ID [13, 41, 10, 64]
- 트럭 106: 배송 ID [31, 58, 67, 46, 72]
- 트럭 107: 배송 ID [35, 37, 74, 30]
- 트럭 108: 배송 ID [22, 60, 39, 62]
- 트럭 109: 배송 ID [33, 63, 43, 89]
- 트럭 110: 배송 ID [61, 47, 50, 97, 59]

이 결과는 각 트럭의 용량 제한 내에서 배송비용이 톤당 가장 낮은 배송부터 배송을 선택한 것입니다. 이 방식은 배송 비용을 최소화하는 근사해를 제공하지만, 항상 최적의 해를 제공하지는 않을 수 있습니다.

최적의 해를 얻으려면, 선형 프로그래밍 또는 다른 고급 최적화 기법을 사용해야 할 수 있습니다. 이러한 기법은 복잡한 제약 조건을 처리하고 목표 함수를 최적화하는 데 필요한 계산 능력을 제공합니다.

그럼에도 불구하고, 제안된 방법은 각 트럭의 배송 비용을 최소화하는 데 도움이 될 수 있습니다.

우리가 원하는 최적화 모델은 사용할 수 없었지만 그리디 알고리즘(Greedy Algorithm)을 이용해서 어느 정도 근사해를 찾긴 했다.

그리디 알고리즘은 매 순간 최적이라고 생각하는 것을 선택해 나가는 방식이다. 이 방법은 항상 전체적으로 최적의 해결책을 제공하지는 않지만, 많은 문제에서 효과적인 근사해를 빠르게 찾는 데 사용할 수 있다.

예를 들어 가게에서 물건을 사고 거스름돈을 동전으로 받고자 할 때 가장 적은 개수를 받으려면 어떻게 해야 할까? 이때 먼저 가장 큰 단위 동전을 최대한 받는 것이 좋다. 그다음에는 그것보다 작은 단위, 그다음에는 더 작은 단위의 동전을 받는 것이다. 이렇게 하면 전체적으로 최소한의 동전 개수로 거스름돈을 받을 수 있다.

사실 최적화 모델을 사용하면 더 좋겠지만 코드 인터프리터의 한계 때문에 사용할 수 없다면 유사하거나 정확도가 낮은 다른 모델을 사용하는 것이 차선책이 될 수 있다.

활용

 최적화 분석을 어디에 사용할 수 있니? 사례 10가지를 알려줘.

 최적화 분석은 주어진 조건 하에서 목표 함수를 최대화하거나 최소화하는 변수의 값을 찾는 과정이다. 이는 수학, 공학, 경제학 등 다양한 분야에서 중요한 도구로 사용된다.

예를 들어, 제품 제조에서는 원재료의 비용을 최소화하면서 동시에 품질을 유지하려는 최적화 문제가 있을 수 있다. 또는 물류에서는 배송 시간을 최소화하고자 할 때 최적의 경로를 찾는 문제가 있다.

최적화 알고리즘은 다양한 형태가 있으며, 이들 중 몇 가지는 선형 프로그래밍, 정수 프로그래밍, 네트워크 최적화, 비선형 최적화 등이 있다. 이 알고리즘들은 문제의 특성과 요구사항에 따라 선택되며, 실제 상황에 가장 적합한 솔루션을 찾는 데 도움을 준다.

이는 다양한 분야에서 활용될 수 있다.

- 물류 및 공급망 관리 : 최적의 물류 경로를 결정하거나, 재고를 얼마나 보유해야 하는지, 어떤 제품을 언제 생산해야 하는지 등을 결정하는데 사용된다.

- 투자 포트폴리오 관리 : 주식, 채권, 상품 등 다양한 투자 자산을 어떻게 분배하고 관리할지 결정하는데 사용된다.

- 운송 및 스케줄링 : 항공사에서 비행기의 스케줄을 결정하거나, 택시나 라이드 쉐어링 회사에서 운전자의 경로를 최적화하는데 사용된다.

- 전력 최적화 : 전력 공급자들은 전력 그리드의 효율성을 높이고, 에너지 소비를 최적화하기 위해 이를 사용한다.

- 프로세스 최적화 : 제조업에서 생산 공정을 효율적으로 관리하거나, IT 분야에서 소프트웨어 성능을 최적화하는데 사용된다.
- 인력 스케줄링 : 병원, 콜센터, 레스토랑 등에서 필요한 인력을 얼마나 배치할지, 언제 근무할지 등을 결정하는데 사용된다.
- 마케팅 최적화 : 광고 예산을 어떻게 분배할지, 어떤 채널이 가장 효과적인지, 어떤 고객 집단에 집중해야 하는지 등을 결정하는데 사용된다.
- 네트워크 최적화 : 통신 회사는 네트워크 트래픽을 효율적으로 관리하고, 서버의 위치를 결정하며, 데이터 센터의 에너지 효율성을 높이기 위해 이를 사용한다.
- 건축 및 공간 설계 : 건축물의 내외부 공간을 최적으로 설계하거나, 도시의 교통 흐름을 개선하는데 사용된다.
- 기계 학습 및 데이터 분석 : 모델의 하이퍼파라미터를 최적화하거나, 피처 선택을 하는 데 사용된다.

5

3분 만에
비정형 데이터 분석하기

22 _ ZOOM 대화 텍스트 분석하기(텍스트 파싱)

23 _ HTML 파일에서 뉴스 제목 추출하기(HTML 파싱)

24 _ 쇼핑몰 댓글 긍부정 분석하기(감성분석)

25 _ 이미지에서 메인 컬러 코드 찾아내기(k-평균 군집분석)

26 _ 명함에서 텍스트 추출하기(광학문자인식)

27 _ 같은 소리인지 찾아내기(교차 상관분석)

22

ZOOM
대화 텍스트 분석하기
(텍스트 파싱)

상황

교육 업체에서 교육 운영을 담당하는 최 사원은 코로나 이후로 ZOOM 같은 화상회의 도구를 사용해서 교육을 운영하고 있다. 이때 ZOOM은 화상회의가 종료된 다음에 채팅한 내용을 텍스트 파일로 자동으로 저장한다. 최 사원은 강사와 학습자의 채팅 데이터를 분석해서 누가 대화를 많이 하고 어떤 주제로 대화하는지 알고 싶다.

데이터

📑 22.ZOOM대화텍스트분석하기 〉 meeting_saved_chat.txt

챗GPT와 데이터 분석 with 코드 인터프리터

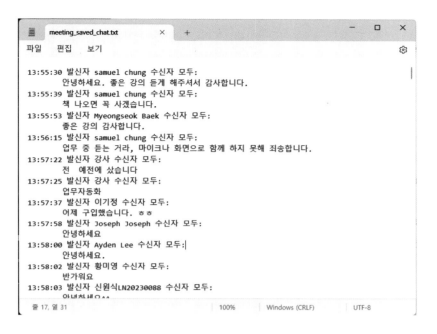

해결

ZOOM의 채팅 내용은 텍스트 파일로 저장된다. 해당 파일을 찾아서 코드 인터프리터에 올리고 바로 데이터 분석을 요청하자. 그러면 텍스트를 파싱(parsing)해서 분석해 준다. 파싱은 텍스트의 구조나 문법을 분석하는 방법이다.

  meeting_saved_chat.txt

데이터를 분석해줘.

 첨부하신 파일이 'meeting_saved_chat.txt' 라는 이름의 텍스트 파일인 것 같습니다. 이 텍스트 파일에는 어떤 종류의 데이터가 포함되어 있나요? 예를 들어, 이것은 대화 기록, 로그 파일, 텍스트 데이터셋 등일 수 있습니다.

데이터의 종류에 따라 분석 방법이 다르기 때문에, 먼저 파일의 내용을 확인해 보겠습니다. 이에 동의하시면 진행하겠습니다.

 화상회의 대화 데이터다.

 Finished working   Show work ✔

파일의 내용을 보니, 화상회의에서의 대화 내용을 시간, 발신자, 수신자, 그리고 메시지 본문으로 구분하여 기록한 것으로 보입니다.
이런 데이터를 분석하는 일반적인 방법에는 다음과 같은 것들이 있습니다:

1. 대화의 양을 분석: 가장 많이 대화를 이끈 참가자는 누구인지, 어떤 시간대에 가장 많은 대화가 발생했는지 등을 확인할 수 있습니다.
2. 감성 분석: 참가자들의 메시지가 긍정적인지 부정적인지, 또는 중립적인지를 분석하여 회의의 전반적인 분위기를 파악할 수 있습니다.
3. 주제 모델링: 대화 내용에서 주요 주제를 추출할 수 있습니다.

분석을 진행하기 전에, 어떤 종류의 분석을 원하는지 알려주실 수 있을까요?

여기서는 대화의 양을 분석해 보자.

 대화의 양을 분석해줘.

 다음은 화상회의에서 가장 많은 메시지를 보낸 참가자들의 리스트입니다:

1. 문준호: 56개의 메시지
2. 김)): 20개의 메시지
3. 배원진: 13개의 메시지
4. Jun: 11개의 메시지
5. ysyi66: 11개의 메시지

6. LKB: 9개의 메시지

7. 202302: 8개의 메시지

8. 김현주: 7개의 메시지

9. PlanMAS: 6개의 메시지

10. 김루디아: 6개의 메시지

이 정보는 화상회의에서 어떤 참가자가 가장 활발하게 대화에 참여했는지를 알려줍니다. 다른 분석이 필요하시다면 알려주세요!

특정 발신자의 메시지도 보자.

'Jun' 발신자의 채팅 내용을 보여줘. 총 몇 개인지도 알려줘.

'Jun'이 보낸 채팅 메시지는 총 11개이며, 그 내용은 다음과 같습니다:

- 메시지: 5
- 메시지: x
- 메시지: X
- …
- 메시지: 감사합니다

여기서 간혹 잘못 계산된 결과가 나타날 수 있다. 일반적으로 한글과 영어가 뒤섞여 있을 때 대화의 양을 제대로 찾아내지 못하는 경우가 있다. 향후에 한글 처리 라이브러리가 추가되면 이 문제는 어느 정도 해결될 것으로 보인다.

이어서 메시지를 시계열로 10분 단위로 시각화해 보자.

10분 단위로 메시지 개수를 시각화해줘.

 Finished working   Show work ∨

위의 막대 그래프는 10분 간격으로 보낸 메시지의 수를 보여줍니다. 각 막대는 10분 동안의 메시지 수를 나타내며, 막대의 높이는 그 시간 동안의 메시지 수를 나타냅니다.

시간이 지남에 따라 메시지의 양이 어떻게 변화하는지 확인할 수 있습니다. 이 그래프를 통해 미팅 중 언제 가장 활발한 대화가 이루어졌는지, 어떤 시간대에는 상대적으로 조용했는지 등의 통찰을 얻을 수 있습니다.

이런 식으로 화상회의 채팅 데이터를 분석할 수 있다. 여러 차수로 동일한 강의를 진행한다면 차수별로 비교할 수도 있고, 같은 내용을 여러 강사가 동시 진행한다면 강사별 차이도 파악해 볼 수 있다.

이제 채팅 내용에서 핵심 주제를 찾아보자. 무엇에 관해 얘기했는지 알아내 보자. 그런데 문제는 한글 처리가 안 되어서 한글 형태소 분석을 할 수 없다. 그렇다면 영어로 번역한 다음 내용을 분석해 달라고 하자.

이 데이터는 화상회의 도구를 이용해서 2시간 교육할 때 채팅 내용이다.
한글로 되어 있으니, 영어로 모두 번역한 다음 무슨 대화가 오갔는지 알려줘.

Finished working   Show work ∨

추출된 메시지를 기반으로 보아, 이 대화는 참가자들이 참석하고 있는 또는 참석했던 강의나 세미나에 관련된 것으로 보입니다. "좋은 강의"와 "업무자동화"에 대한 언급은 강의의 주제가 기술이나 소프트웨어를 사용하여 업무 작업을 자동화하는 것과 관련이 있을 수 있음을 제안합니다.

또한 책에 대한 언급도 있으며, 일부 참가자들은 그것을 살 것이라고 말하거나 이미 구입했다고 언급하고 있습니다. 이는 발표자 또는 강사가 강의 주제와 관련된 책을 출판했을 수 있음을 나타낼 수 있습니다.

마지막으로 "마이크나 화면으로 함께 하지 못해 죄송합니다"라는 언급은 대화가 가상 환경에서 진행되고 있음을 나타냅니다. 이는 아마도 비디오 회의 플랫폼일 가능성이 높습니다.

이는 제공된 메시지의 제한된 맥락에 기반한 대략적인 해석입니다. 대화의 실제 맥락은 이 메시지에서 나타나지 않는 다른 요소에 따라 달라질 수 있습니다.

이 교육은 필자가 진행한 ChatGPT 코드 인터프리터 교육이다. 대강의 주제를 찾아내는 것을 볼 수 있다.

활용

텍스트 파싱을 사용한 사례 10가지를 알려줘.

텍스트 파싱은 주어진 텍스트 데이터를 의미있는 부분, 즉 '토큰'으로 분리하고 이들의 구조를 파악하는 과정이다. 이 과정은 자연어 처리(NLP), 웹 크롤링, 데이터 분석 등에서 중요한 역할을 한다.

텍스트 파싱은 복잡한 규칙을 가진 자연어를 처리하는 데 특히 중요하다. 파싱의 정확도는 텍스트의 이해도를 결정하며, 따라서 자연어 처리의 성능을 크게 영향을 미친다. 다양한 알고리즘이 개발되어 있으며, 이 중에서 적절한 알고리즘을 선택하여 사용한다.

예를 들면 다음과 같은 일을 할 수 있다.

- 프로그래밍 언어 해석 : 컴파일러와 인터프리터는 프로그래밍 언어의 구문을 분석하기 위해 파싱을 사용한다. 이를 통해 코드가 올바른 구문을 사용하고 있는지 확인하고, 실행 가능한 명령어로 변환한다.

- 웹 스크래핑 : 웹 페이지의 HTML을 파싱하여 페이지의 내용을 추출하고 분석하는데 사용된다. 이는 데이터 수집, 웹 마이닝, 웹 검색 등에 사용된다.

- 자연어 처리 : 자연어 처리(NLP)에서는 문장의 구조를 분석하고 이해하는 데 파싱이 사용된다. 이는 기계 번역, 감정 분석, 음성 인식 등에 활용된다.

- 데이터 변환 : 파싱은 한 형식의 데이터를 다른 형식으로 변환하는 데 사용된다. 예를 들어, CSV 파일을 파싱하여 데이터베이스에 입력하거나, JSON 데이터를 파싱하여 Python 객체로 변환할 수 있다.

- 문서 형식 검증 : XML이나 JSON 같은 구조화된 텍스트 형식은 파싱을 통해 문서가 올바른 형식을 따르고 있는지 검증한다.

- 로깅 : 로그 파일은 텍스트 파싱을 통해 분석되고, 특정 이벤트나 문제를 찾는 데 사용된다.

- 텍스트 편집기 및 IDE : 텍스트 편집기와 통합 개발 환경(IDE)는 파싱을 사용하여 코드를 하이라이트하고, 구문 오류를 감지하며, 자동 완성 기능을 제공한다.

- 전자메일 처리 : 전자메일 클라이언트는 파싱을 사용하여 메시지의 헤더와 본문을 분리하고, 첨부 파일을 추출하며, 메일 주소를 인식한다.

- 검색 엔진 : 검색 엔진은 웹 페이지를 파싱하여 키워드, 메타데이터, 링크 등의 정보를 추출하고 인덱스를 생성한다.

- 컴퓨터 바이러스 탐지 : 보안 소프트웨어는 파일이나 네트워크 트래픽을 파싱하여 악성 코드를 탐지한다.

23

HTML 파일에서
뉴스 제목 추출하기
(HTML 파싱)

상황

국책연구소에서 일하는 최 연구원은 연구소 관심 주제를 포털 뉴스에 검색해서 홈페이지 뉴스 게시판에 올리는 일을 맡았다. 평소 뉴스를 검색해서 복사 붙여넣기 하는 식으로 엑셀에 정리했는데 ChatGPT로는 불가능하다고 들어서 속상하다. 그런데 ChatGPT 코드 인터프리터를 사용하면 가능할 수도 있다고 한다.

하지만 ChatGPT 코드 인터프리터가 현재 외부 URL에 접근하지 못해서 웹 스크래핑을 할 수 없다고 한다. 다른 방법으로 HTML 파일을 올리면 뉴스 제목을 추출할 수 있다고 한다. 어떻게 하는 걸까?

데이터

📄 23.HTML파일에서뉴스제목추출하기 〉 **구글뉴스.html**

해결

구글에서 뉴스를 검색하면 다음과 같이 뉴스 제목과 링크가 나타난다.

한 페이지에 나타나는 뉴스 개수가 10개로 제한이 되어 있다. 만약 뉴스 100개를 추출하려면 2쪽 10쪽까지 계속 누르면서 HTML 파일을 다운로드해야 한다.

이때 한 번에 뉴스 100개가 나오게 하려면 URL 끝에 &num=100을 입력하면 된다.

https://www.google.co.kr/search?q=%EC%...dpr=1.5&num=100

이제 이 페이지에서 파일을 다운로드하면 된다. 문제는 다운로드하면 파일 형식이 HTML이 아닌 mHTML이라는 점이다. 코드 인터프리터는 mHTML을 다루는 라이브러리를 쓸 수 없다.

HTML 파일로 뉴스 소스를 다운로드하려면 웹 페이지에서 마우스 오른쪽 버튼을 눌러 페이지 소스 보기를 선택한다.

페이지 소스가 보이면 전체 선택해서 복사한다.

```
1  <!doctype html><html itemscope="" itemtype="http://schema.org/SearchResultsPage" lang="ko"><h
2  var h=this||self;function I(){return void 0!==window.google&&void 0!==window.google.kOPI&&0!=
3  function t(a,b,c,d,k){var e="";-1===b.search("&ei=")&&(e="&ei="+p(d),-1===b.search("&lei=")&&
4  document.documentElement.addEventListener("submit",function(b){var a;if(a=b.target){var c=a.g
5  var f=this||self;var g=window.performance;var h=google.c.gl,k=google.c.sxs;function I(a,b,d,c
6  var g=this||self;function h(a){try{a()}catch(b){google.ml(b,!1)}}google.caft=function(a,b){nu
7  function ba(a){return"none"===a.style.display?!0:document.defaultView&&document.defaultView.g
8  function da(a,b){var c=b(a);a=c.left+window.pageXOffset;b=c.top+window.pageYOffset;var d=c.wi
9  function G(a,b){var c=google.timers[b]||"load";b=c.m;if(!b||!b.prs){var d=m()?0:F("qsubts");0
10 function ra(){var a=0===P,b=0===N;a=q?a&&b:a;a=y?M===L:a;!S&&a&&google.c.u("il",V)}
11 function Y(){if(!R){var a=0===P,b=0===N,c=x&&oa===na;a&&(google.c.e(V,"aft","1"),google.c.e(V
12 null!==google.aftq&&(2===google.fevent||3===google.fevent?google.fevent:1)&((a?1:0)|(c||b?2:0
13 function ta(a,b){0===b||b&&!1===a.setAttribute("data-frt","1"),w&&!+N}}if(z&&"function"===typeo
14 if(0<google.c.cap&&!t)a:{var ua=google.c.cap;if(window.performance&&window.performance.timing
15 ++qa;else{var p=d&4,l=v&&p&&f&&T<K;if(l){var ka=a.getBoundingClientRect().top+window.pageYOff
16 var e=this||self;
17 var f={};function w(a,c){if(null===c)return!1;if("contains"in a&&1===c.nodeType)return a.conta
18 var y=function(a,c){return function(d){d||(d=window.event);return c.call(a,d)}},z="undefined"
19 var l=function(){this.h=this.g=null},K=function(a,c){var d=J;d.g=a;d.h=c;return d}};l.prototyp
20 var 0=function(){this.v=[];this.g=[];this.h=[];this.l={};this.i=null;this.j=[];P(this,"_custo
21 "pointerover"==b.type&&"pointerenter"==k||"pointerout"==b.type&&"pointerleave"==k)||u&&(u===h
22 H._aeh(h)}}},S=function(a,c,d,b,g,m){return{eventType:a,event:c,targetElement:d,action:b,acti
23 var l=this||self;var m,n=null!==(m=l.mei)?m:1,p,q=null!==(p=l.sdo)?p:!0,r=0,t,u=google.erd,v=u.
24 a.fileName;g&&(0<g.indexOf("-extension:/")&&(e=3),c+="&script="+b(g),f&&g===window.location.h
25 0;k<g.length;k++)-1!==g[k].name.indexOf(google.xjsu)&&(h=1),-1!==g[k].name.indexOf("/xjs/_/js
26 c))break a;c=c[e]}a=a[a.length-1];d=c[a];b=b(d);b!=a&&null!=b&&h(c,a,{configurable:!0,writabl
27 var q=function(a){this.g=a};q.prototype.toString=function(){return this.g.toString()};q.proto
28 var z;try{new URL("s://g"),z=!0}catch(a){z=!1}var C=z;var D=function(a){this.B=a};function E(
```

복사한 소스를 메모장에 붙여 넣고 구글뉴스.html로 저장한다.

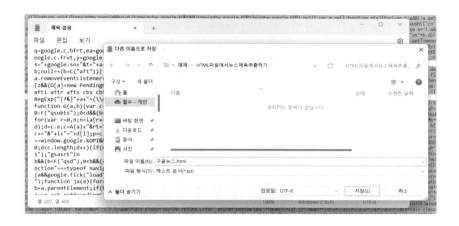

이 파일을 ChatGPT에 올리고 뉴스 제목 추출을 요청한다. 그러면 HTML을 파싱(parsing)해서 분석한다.

  구글뉴스.html

뉴스 제목을 추출하고 싶다.

 HTML 파일에서 뉴스 제목을 추출하려면, Python의 BeautifulSoup 라이브러리를 사용하여 HTML을 파싱하고, 특정 HTML 태그 또는 클래스가 적용된 부분을 찾아 추출할 수 있습니다.

하지만, 구체적인 HTML 구조와 뉴스 제목이 어떤 태그 안에 있는지 알아야 합니다. HTML 파일을 먼저 살펴보고, 어떤 태그를 찾아야 하는지 알아보겠습니다.

HTML 파일의 내용을 분석해 보면, 뉴스 제목은 <a> 태그 내부에 위치하며, 'DY5T Do53e'라는 클래스 이름을 가진 <h3> 태그의 자식으로 존재하는 것으로 보입니다. 이를 바탕으로 BeautifulSoup를 사용해 뉴스 제목을 추출해 봅시다.

Finished working   Show work   ✔

제가 파악한 대로 코드를 작성했지만, 뉴스 제목을 찾는 데 실패했습니다. 이는 HTML 구조의 변화, 또는 클래스 이름이 동적으로 변경되어 제가 찾은 클래스 이름이 현재와 일치하지 않는 경우일 수 있습니다.

HTML 소스 안에서 특정한 내용을 찾을 때는 태그나 클래스 이름을 알아야 한다. 이때 가장 빠른 방법은 셀렉터를 찾는 것이다. 셀렉터는 브라우저에서 개발자 도구를 열어서 찾을 수 있다. 일단 구글 검색을 한 페이지에서 개발자 도구를 단축키로 열자

개발자 도구 단축키: Ctrl + Shift + I

개발자 도구가 열리면 Select 메뉴를 클릭한 다음 첫 번째 제목을 선택하자. 그러면 오른쪽에 해당 코드가 음영으로 보인다. 음영으로 표시된 코드를 마우스 오른쪽 버튼으로 누른 다음 메뉴 중에서 [Copy] – [Copy Selector]를 클릭하자.

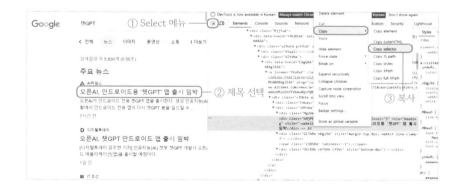

이제 메모장을 열어서 Ctrl+V로 붙여넣기를 하면 다음과 같은 셀렉터가 나온다.

챗GPT와 데이터 분석 with 코드 인터프리터

```
#rso > div > div > div.uZ9otd.pvFOzb > div:nth-child(2) > div > a
> div > div.iRPxbe > div.n0jPhd.ynAwRc.MBeuO.nDgy9d
```

다시 브라우저로 가서 이번에는 두 번째 제목을 선택해서 같은 순서대로
클릭한 다음 셀렉터를 메모장에 붙여 넣자.

```
#rso > div > div > div.uZ9otd.pvFOzb > div:nth-child(3) > div > a
> div > div.iRPxbe > div.n0jPhd.ynAwRc.MBeuO.nDgy9d
```

이제 두 셀렉터를 비교해서 오른쪽부터 공통적인 부분을 복사하자. 여기
서는 div > a > div > div.iRPxbe > div.n0jPhd.ynAwRc.MBeuO.nDgy9d가
공통된 부분이다.

이제 코드 인터프리터로 돌아와서 파일을 다시 올리고 다음과 같이 요청
하자.

  구글뉴스.html

뉴스 제목을 추출하고 싶다. 셀렉터는 다음과 같다.

div > a > div > div.iRPxbe > div.n0jPhd.ynAwRc.MBeuO.nDgy9d

네, 제공해주신 HTML 파일에서 뉴스 제목을 추출해보겠습니다. Python의
Beautiful Soup 라이브러리를 사용해서 HTML을 파싱하고, 제공해주신 CSS
셀렉터를 통해 뉴스 제목을 찾아보겠습니다.

다음 스크립트는 HTML 파일을 로드하고, CSS 셀렉터를 사용하여 뉴스 제목
을 찾는 코드입니다. CSS 셀렉터는 div > a > div > div.iRPxbe > div.n0jPhd.
ynAwRc.MBeuO.nDgy9d 형태를 따릅니다. CSS 셀렉터는 HTML 요소를 특정
하기 위해 사용되며, 요소의 이름, id, class 등을 기반으로 원하는 요소를 찾을
수 있습니다.

또한 이 스크립트는 뉴스 제목이 포함된 모든 요소를 찾아서 리스트에 저장합니
다. 이 리스트는 추후 사용자가 원하는 형태로 사용할 수 있습니다.

이제 실제로 코드를 실행해 보겠습니다.

Finished working   Show work ∨

다음은 HTML 파일에서 추출된 뉴스 제목입니다:

1. "오픈AI, 안드로이드용 '챗GPT' 앱 출시 임박"

2. "오픈AI, 챗GPT 안드로이드 앱 출시 임박"

3. "챗GPT 안드로이드 앱 나온다 - IT조선 > 게임·라이프 > 메타버스·AI"

4. "오픈AI, 챗GPT 안드로이드 앱 곧 출시"

5. "오픈AI, '챗GPT'에 맞춤형 지침 기능 추가"

6. …

이 결과는 HTML 파일에 포함된 뉴스 제목을 CSS 셀렉터를 사용해 추출한 것입니다.

엑셀로 다운로드 해달라고 한 뒤 파일을 열어보면 100개의 제목이 입력된 것을 볼 수 있다.

	A
1	**News Titles**
2	오픈AI, 안드로이드용 '챗GPT' 앱 출시 임박
3	오픈AI, 챗GPT 안드로이드 앱 출시 임박
4	챗GPT 안드로이드 앱 나온다 - IT조선 > 게임·라이프 > 메타버스·AI
5	오픈AI, 챗GPT 안드로이드 앱 곧 출시
6	오픈AI, '챗GPT'에 맞춤형 지침 기능 추가
7	'안드로이드' 챗GPT 이번주 나온다…사전 등록 시작
8	中 칭화대 "챗GPT로 7분만에 게임개발"…회사 차렸다
9	'거짓말 하는' 챗GPT…의학 분야 활용 신중론 대세
10	'챗GPT 대항마' 만드는 애플, 내부 업무에 AI챗봇 사용
11	AI로 해충 잡고 챗GPT로 온실관리 … K스마트팜, 유럽 넘는다
12	[창간 22주년] 의사면허시험 통과한 챗GPT, 진단에 도움 줄까?
13	챗GPT vs. 구글 검색, 승자는 누구?…연구
14	[조간브리핑]K스마트팜…AI, 챗GPT 활용으로 유럽 뛰어넘는다
15	'챗GPT 대항마' 만드는 애플, 내부 업무에 AI챗봇 사용
16	'AI 챗GPT 시대 ESG 지속가능경영보고서 작성 실무' 저자 북콘서트 성료
17	챗GPT 언어폭력 점검에 노동력 투입…케냐 근로자 트라우마 부작용(종합)
18	한투 '챗GPT 투자 활용방법' 강연
19	챗GPT '신뢰·안전책임자' 물러난다…'오남용 통제' 불확실성 우려도
20	챗GPT의 힘 - 지식 생산성 시대의 혁신적인 도구(03)

이런 식으로 URL이나 언론사 이름 등을 추출할 수 있다.

활용

 html 파싱을 사용한 사례 10가지를 알려줘.

 HTML 파싱은 HTML 문서를 분석하고 그 구조를 이해하는 과정이다. HTML 문서는 일련의 태그로 구성되며, 이 태그들이 트리 구조를 이루는데, 이 트리 구조를 'DOM(Documents Object Model)'이라고 한다.

HTML 파서는 HTML 문서를 읽고 각 태그를 파악하여 DOM을 생성한다. 이 DOM은 프로그램이 HTML 문서의 구조를 이해하고 조작할 수 있도록 해주는 중요한 도구다.

예를 들어, 웹 크롤러나 스크래퍼는 HTML 파서를 사용하여 웹페이지의 정보를 추출한다. 이를 통해 웹페이지의 제목, 본문, 링크 등의 정보를 수집하고, 이를 분석하거나 저장할 수 있다. HTML 파싱은 BeautifulSoup, lxml 등의 라이브러리를 사용하여 간단하게 수행할 수 있다.

사례는 다음과 같다.

- 웹 스크래핑 : 웹 페이지의 HTML을 파싱하여 페이지의 내용을 추출하고 분석하는 데 사용된다. 이는 데이터 수집, 웹 마이닝, 웹 검색 등에 사용된다.

- 웹 콘텐츠 추출 : HTML 파싱은 웹 페이지의 특정 부분, 예를 들어 헤드라인, 이미지, 링크 등을 추출하는 데 사용된다.

- 데이터 마이닝 : HTML 문서에서 유용한 정보를 추출하고 분석하는 데 HTML 파싱이 사용된다.

- 검색 엔진 인덱싱 : 검색 엔진은 웹 페이지를 파싱하여 키워드, 메타데이터, 링크 등의 정보를 추출하고 인덱스를 생성한다.

- 웹 표준 검증 : 웹 페이지가 HTML 표준을 따르고 있는지 검증하는 데 HTML 파싱이 사용된다.

- 웹 애플리케이션 개발 : 웹 개발자들은 HTML 파싱을 사용하여 웹 페이지의 구조를 분석하고, DOM(Document Object Model)을 조작하여 웹 애플리케이션을 개발한다.
- 사이트맵 생성 : 웹 사이트의 모든 페이지를 추출하고 이를 사이트맵으로 구성하는 데 HTML 파싱이 사용된다.
- 사이버 보안 : 보안 전문가들은 HTML 파싱을 사용하여 웹 페이지에 있는 악성 코드를 감지하고 분석한다.
- 광고 블록 : 광고 차단 플러그인은 웹 페이지의 HTML을 파싱하여 광고를 식별하고 제거한다.
- 사용자 인터페이스 테스트 : 웹 페이지의 사용자 인터페이스를 자동으로 테스트하는 도구는 HTML 파싱을 사용하여 웹 요소를 식별하고 조작한다.

24

쇼핑몰 댓글
긍부정 분석하기
(감성분석)

상황

온라인 쇼핑몰에서 마케팅을 맡고 있는 홍 대리는 제품마다 고객이 올린 댓글이 긍정적인지 부정적인지 평점을 매기고 싶다. 매우 긍정이면 5점, 조금 긍정이면 4점, 보통이면 3점, 조금 부정이면 2점, 매우 부정이면 1점을 매기고 싶다.

하지만 제품마다 댓글 수가 적게는 수십 개, 많게는 수천 개가 넘어서 일일이 읽어보고 점수를 매길 수가 없다. 하지만 팀장은 오늘 밤을 새워서라도 댓글의 긍부정 점수를 매겨서 보고하라고 한다.

데이터

📄 24.쇼핑몰댓글긍부정분석하기 〉 **쇼핑몰댓글(20건).txt**

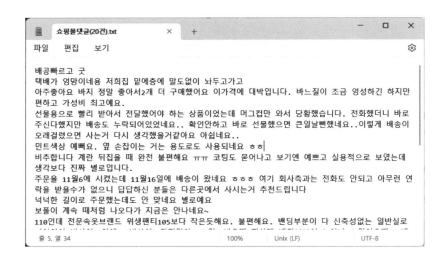

댓글에 오탈자와 문법에 어긋나는 표현이 많지만 여기서는 따로 교정을 보지 않고 원문 그대로 사용하자.

해결

텍스트의 감성을 분석하는 방법은 다양하다. 코드 인터프리터가 어떤 방법을 쓰는지 모르므로 일단 텍스트 파일을 올려서 분석해 달라고 하자.

📄 쇼핑몰댓글(20건).txt

쇼핑몰 댓글을 긍부정으로 분석해줘.
매우 긍정은 5점, 조금 긍정은 4점, 보통은 3점, 조금 부정은 2점, 매우 부정은 1점으로 해줘.
엑셀로 만들어 줘.

한국어 텍스트 감성 분석을 진행하기 위해, 먼저 감성 사전을 활용하거나 머신러닝 기반의 감성 분석 모델을 사용해야 합니다. 하지만, 이 환경은 인터넷 접속이 제한되어 있어 외부의 사전이나 API를 사용할 수 없습니다.

그러나, 대신 간단한 휴리스틱 기반의 감성 점수를 계산해드릴 수 있습니다. 이 방법은 완벽하진 않지만, 긍정적이거나 부정적인 감성의 대략적인 정도를 파악하는 데 도움이 될 수 있습니다. 이 점수는 문장에서 긍정적인 단어와 부정적인 단어의 수를 세는 방법으로 계산됩니다.

- 매우 긍정: 긍정적인 단어의 수가 부정적인 단어의 수보다 3배 이상 많을 때
- 조금 긍정: 긍정적인 단어의 수가 부정적인 단어의 수보다 많을 때
- 보통: 긍정적인 단어와 부정적인 단어의 수가 같을 때
- 조금 부정: 부정적인 단어의 수가 긍정적인 단어의 수보다 많을 때
- 매우 부정: 부정적인 단어의 수가 긍정적인 단어의 수보다 3배 이상 많을 때

이 방법으로 진행하시겠습니까?

텍스트 감성 분석을 하는 방법으로 머신러닝 기반의 감성 분석 모델이 있지만 현재는 사용할 수가 없다. 대신 휴리스틱 기반의 감성 분석을 해준다고 한다.

휴리스틱 기반 감성 분석은 머신러닝을 사용하지 않고 규칙이나 경험적 지식에 의존해서 감성을 분석하는 방법이다. 사전에 지정한 감성 단어가 포함되어 있는지, 몇 번 출현하는지 등을 계산해서 감성을 판단한다. 예를 들어 '매우', '정말' 같은 긍정어가 '안', '아니', '없다' 같은 부정어보다 많으면 긍정적으로 보는 것이다.

일단 휴리스틱 기반의 감성 분석을 해달라고 하자.

응

 Finished working   Show work ∨

댓글에 대한 감성 점수 분석이 완료되었습니다. 엑셀 파일로 저장하였으니 다운
로드 하시기 바랍니다:

링크

이 분석은 기본적인 휴리스틱을 사용한 것이라 완벽하지 않을 수 있습니다. 더
정확한 분석을 위해서는 감성 분석에 특화된 머신 러닝 모델을 사용하거나 감성
사전을 사용하는 것이 좋습니다. 이 점을 참고하시기 바랍니다.

여기서 코드를 보면 어떤 긍정어와 부정어를 사용했는지 볼 수 있다.

```python
                                                      📋 Copy code
# Define positive and negative words for basic sentiment analysis
positive_words = ['좋', '굿', '대박', '맛있', '훌륭', '최고', '기쁨', '사랑', '
만족', '특별', '행복', '즐거움', '친절', '감사', '빠르']
negative_words = ['나쁨', '무시', '싫', '문제', '불편', '부족', '힘들', '아쉽',
'슬픔', '엉망', '느리', '실망', '안 좋', '아프', '피곤']
```

코드에서 긍정어(positive_words)로는 '좋', '굿', '대박', '맛있', '훌륭', '최
고', '기쁨', '사랑', '만족', '특별', '행복', '즐거움', '친절', '감사', '빠르'를 사용했
다. 부정어(negative_words)로는 '나쁨', '무시', '싫', '문제', '불편', '부족', '힘
들', '아쉽', '슬픔', '엉망', '느리', '실망', '안 좋', '아프', '피곤'을 사용했다.

결과 엑셀 파일을 열어보면 다음과 같이 점수가 부여된 것을 볼 수 있다.

	A	B
1	**Review**	**Sentiment Score**
2	배공빠르고 굿	5
3	택배가 엉망이네용 저희집 밑에층에 말도없이 놔두고가고	2
4	아주좋아요 바지 정말 좋아서2개 더 구매했어요 이가격에 대박	5
5	선물용으로 빨리 받아서 전달했어야 하는 상품이었는데 머그컵	2
6	민트색상 예뻐요. 옆 손잡이는 거는 용도로도 사용되네요 ㅎㅎ	3
7	비추합니다 계란 뒤집을 때 완전 불편해요 ㅠㅠ 코팅도 묻어나	2
8	주문을 11월6일 시켰는데 11월16일에 배송이 왔네요 ㅎㅎㅎ 0	3
9	넉넉한 길이로 주문했는데도 안 맞네요 별로예요	3
10	보풀이 계속 때처럼 나오다가 지금은 안나네요~	3
11	110인데 전문속옷브랜드 위생팬티105보다 작은듯해요. 불편해	2
12	사이즈도 딱이고 귀엽고 넘 좋아요 ㅎㅎ	5
13	베이지 색 구매했는데 약간 살색에 가까워요	3
14	화면빨인가봐요;; 노란컬러가 돋보여요;; 저렴한맛에 그냥 씁니	3
15	별루 ㅏㅛㅇ치ㄴ티ㅓ치ㅗ탈칼타ㅗ티ㅗ티ㅗ티ㅛ티ㅛ티ㅗㅗㅗ	3

자세히 살펴보자. 일단 매우 긍정인 5점을 받은 댓글을 보자.

- "배공빠르고 굿"

- "아주좋아요 바지 정말 좋아서2개 더 구매했어요 이가격에 대박입니다. 바느질이 조금 엉
성하긴 하지만 편하고 가성비 최고예요."

- "사이즈도 딱이고 귀엽고 넘 좋아요 ㅎㅎ"

- "촉감도 좋고 무게감이나 핏도 편합니다"

- "불멍하기좋고 사이즈도 너무 좋아요"

- "재구매 친구들이 좋은 향 난다고 해요"

- "재구매 다 좋은데 하나가 이상하네요"

이번에는 매우 부정인 1점을 받은 댓글을 보고 싶은데 1점을 받은 댓글이
없다. 대신 2점(조금 부정)을 받은 댓글을 보자.

- "택배가 엉망이네용 저희집 밑에층에 말도없이 놔두고가고"

- "선물용으로 빨리 받아서 전달했어야 하는 상품이었는데 머그컵만 와서 당황했습니다. 전
화했더니 바로주신다했지만 배송도 누락되어있었네요.. 확인안하고 바로 선물했으면 큰일
날뻔했네요..이렇게 배송이 오래걸렸으면 사는거 다시 생각했을거같아요 아쉽네요.."

- "비추합니다 계란 뒤집을 때 완전 불편해요 ㅠㅠ 코팅도 묻어나고 보기엔 예쁘고 실용적으
로 보였는데 생각보다 진짜 별로입니다."

- "110인데 전문속옷브랜드 위생팬티105보다 작은듯해요. 불편해요. 밴딩부분이 다 신축성 없는 일반실로 되어있어 빅사이즈임에도 빅사이즈같지않아요. 입고벗을때 편하게 밴딩부분이 늘어나고 입었을때도 밴딩이 잡아주어야하는데 말이죠."

긍정 댓글인지 부정 댓글인지는 분명히 잡아냈음을 알 수 있다. 보통인 3점 댓글도 보자.

- "민트색상 예뻐요. 옆 손잡이는 거는 용도로도 사용되네요 ㅎㅎ"
- "주문을 11월6에 시켰는데 11월16일에 배송이 왔네요 ㅎㅎㅎ 여기 회사측과는 전화도 안되고 아무런 연락을 받을수가 없으니 답답하신 분들은 다른곳에서 사시는거 추천드립니다"
- "넉넉한 길이로 주문했는데도 안 맞네요 별로예요"
- "보풀이 계속 때처럼 나오다가 지금은 안나네요~"

3점 댓글 중 긍정이나 부정으로 분류해야 할 것이 없진 않다. 완벽하게 긍정인지 부정인지 분류할 수는 없지만 전체적으로는 어느 정도 긍부정 분류를 해준다고 볼 수 있다.

활용

 감성분석을 어디에 사용할 수 있니? 사례 10가지를 알려줘

 감성 분석은 텍스트 데이터에서 긍정적, 부정적, 중립적 등의 감정 상태나 의견을 판단하는 과정이다. 이는 제품 리뷰, 트윗, 블로그 글 등에서 고객의 의견을 이해하고 시장 트렌드를 파악하는 데 널리 사용된다.
자연어 처리(NLP), 머신 러닝, 텍스트 분석 기법 등을 이용하여 수행되며, 주로 텍스트에 나타난 단어의 극성(polarity)를 판단한다. 예를 들어 '좋다', '훌륭하다'와 같은 단어는 긍정적 극성을, '나쁘다', '싫다'와 같은 단어는 부정적 극성을 나타낸다.

감성 분석에는 다양한 접근 방식이 있으며, 그 중 가장 대표적인 것은 '지도학습'과 '사전 기반' 방식이다. 지도학습 방식은 레이블이 붙은 훈련 데이터를 사용해 모델을 학습시키고, 이를 통해 새로운 텍스트의 감성을 판단한다. 사전 기반 방식은 각 단어의 극성을 사전에 정의한 후, 이를 바탕으로 텍스트의 전체 감성을 판단한다.

예를 들어 다음과 같은 경우에 사용할 수 있겠다.

- 제품 리뷰 분석 : 고객들이 남긴 제품 리뷰에서 긍정적이거나 부정적인 피드백을 찾아 제품 개선에 활용할 수 있다.

- 소셜 미디어 모니터링 : 소셜 미디어에서 회사나 제품에 대한 여론을 파악하고, 고객들의 관심사나 트렌드를 파악할 수 있다.

- 고객 서비스 향상 : 고객들이 서비스에 대해 어떤 감성을 가지고 있는지 파악해서 서비스 개선 방향을 세울 수 있다.

- 경쟁사 분석 : 경쟁사에 대한 고객들의 반응이나 감성을 분석해서 마케팅 전략을 수정하거나 개발할 수 있다.

- 평판 관리 : 회사나 브랜드의 이미지에 대한 공개적인 의견을 모니터링하고, 어떤 이슈가 긍정적 또는 부정적 영향을 미치는지 파악할 수 있다.

- 시장 연구 : 시장에서의 제품 또는 서비스에 대한 반응을 측정하고, 고객들이 원하는 바를 이해하거나 미래의 트렌드를 예측할 수 있다.

- 정치 예측 : 정치 후보나 이슈에 대한 사람들의 감성을 분석해서 선거 결과를 예측하거나 정책을 수정하는 데 활용할 수 있다.

- 광고 효과 분석 : 광고에 대한 반응을 분석하여 광고 캠페인의 효과를 측정하거나 개선 방안을 찾을 수 있다.

- 인사 관리 : 직원들의 기분이나 태도를 파악해서 직장 환경 개선 또는 인사 정책 수정에 도움이 될 수 있다.

- 건강 관리 : 사람들의 감정 상태를 파악해서 정신 건강 관리에 도움을 줄 수 있다. 예를 들어, 사람들이 스트레스나 우울증을 겪고 있는지 파악하는 데 도움이 될 수 있겠지.

25

이미지에서
메인 컬러 코드 찾아내기
(k-평균 군집분석)

상황

패션 업체에서 일하는 홍 대리는 패션 디자이너다. 최근에 남성 패션에서 유행하는 컬러를 알고 싶다. 홍 대리는 주요 온라인 패션 쇼핑몰에서 인기 제품의 착장 이미지를 다운로드했다. 이 이미지에서 옷의 컬러를 일일이 찾아서 정리해야 한다. 이것을 한 번에 할 수는 없을까?

데이터

📑 25.이미지에서메인컬러코드찾아내기 〉 **패션이미지.JPG**

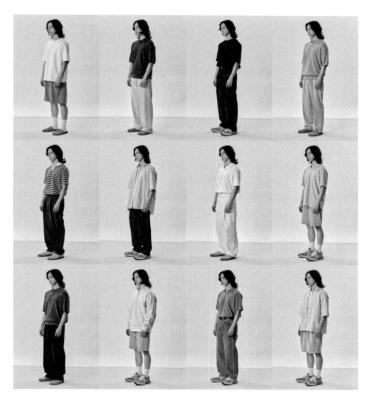

(이미지 출처: 무신사 홈페이지)

이미지 파일 안에 4×3으로 총 12개 이미지가 포함되어 있다.

해결

우선 이미지를 코드 인터프리터에 올리고 분할을 해달라고 하자.

 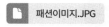

이미지를 4x3으로 나눠줘.

파일을 확인하고 있습니다. 이 이미지를 4x3 그리드로 나누는 작업을 시작하겠습니다.

이 작업을 Python을 이용하여 PIL 라이브러리를 사용하여 수행하겠습니다. 먼저, 이미지를 열고 그 크기를 확인한 후, 그것을 4x3의 그리드로 나누어 각각의 부분 이미지를 생성합니다.

다음 단계로 진행하겠습니다.

Finished working   Show work ∨

이미지를 4x3 그리드로 성공적으로 나누었습니다. 아래에 각 조각의 링크를 제공하겠습니다:

1. image_piece_1.jpg

2. image_piece_2.jpg

3. image_piece_3.jpg

4. ···

이 링크를 클릭하면 각각의 이미지 조각을 볼 수 있습니다. 이들은 원래의 이미지를 4x3 그리드로 나눈 결과입니다. 다른 요청이 있으시면 알려주세요.

첫 번째와 두 번째 이미지를 다운로드해서 보면 다음과 같다.

위에서 아래 순으로 이미지 순서가 나열된 것을 볼 수 있다. 만약 행열 개수가 원하는 대로 안 나온다면 '3행 4열로 나눠줘', '가로 3개, 세로 5개로 나눠줘' 등의 방식으로 구체적으로 요청하자.

이제 각 이미지 조각에서 메인 컬러를 추출해서 보여달라고 하자.

각 이미지 조각에서 메인 컬러 2개씩 추출해서 원래 이미지와 메인 컬러를 같이 보여줘

각 이미지 조각에서 주요 색상을 추출하려면 k-means 클러스터링 알고리즘을 사용할 수 있습니다. 이 방법을 사용하면, 이미지의 각 픽셀을 고려하여 주요 색상을 결정할 수 있습니다.

Python의 sklearn 라이브러리를 사용하여 k-means 클러스터링을 수행하고, 주요 색상을 추출하겠습니다. 이 작업은 조금 시간이 걸릴 수 있습니다.

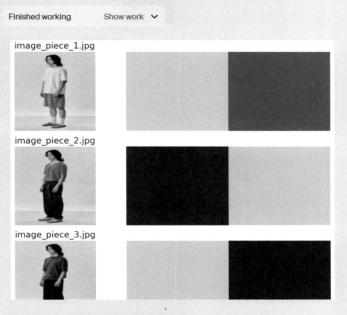

위의 그림은 원래의 이미지 조각(왼쪽)과 그 이미지에서 추출한 주요 두 가지 색상(오른쪽)을 함께 보여줍니다. 이 방법을 사용하면 이미지에 포함된 주요 색상을 빠르게 파악할 수 있습니다. 추가적으로 도움이 필요하면 알려주세요.

메인 컬러를 찾기 위해 k−평균 군집분석을 하는 것을 볼 수 있다. 이때 메인 컬러를 2개로 지정했기 때문에 k의 값이 2로 설정된다.

메인 컬러를 잘 보면 배경색이 메인 컬러로 같이 들어간 것을 볼 수 있다. 그렇다면 메인 컬러 개수를 늘려보자.

 메인 컬러 4개를 원래 조각 이미지와 함께 보여줘

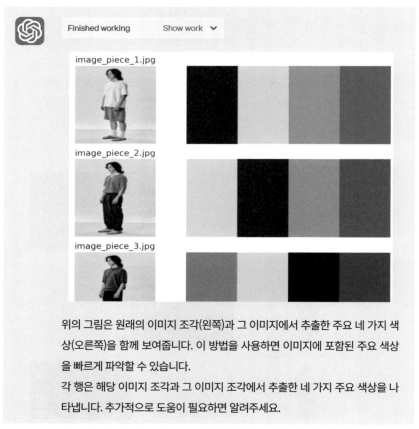

위의 그림은 원래의 이미지 조각(왼쪽)과 그 이미지에서 추출한 주요 네 가지 색상(오른쪽)을 함께 보여줍니다. 이 방법을 사용하면 이미지에 포함된 주요 색상을 빠르게 파악할 수 있습니다.

각 행은 해당 이미지 조각과 그 이미지 조각에서 추출한 네 가지 주요 색상을 나타냅니다. 추가적으로 도움이 필요하면 알려주세요.

배경색을 없애는 방법은 없을까? 일단 자주 나오는 배경색의 RGB 값을 보자.

메인 컬러 중에 가장 많이 나오는 컬러 3개를 보여주고 RGB 값도 알려줘

 이 요청을 처리하기 위해 모든 이미지 조각에서 추출한 주요 색상을 모아서 가장 많이 나타나는 색상 3개를 찾아야 합니다. 이를 위해 Python의 collections 라이브러리를 사용하여 빈도를 계산하겠습니다.

위의 그림은 가장 많이 나타난 주요 색상 3개를 시각적으로 보여줍니다. 이 색상들은 모든 이미지 조각에서 가장 자주 나타나는 색상을 나타냅니다.

왼쪽부터 오른쪽으로 색상은 다음과 같습니다:

색상 #d9d9d8 (RGB: (217, 217, 216))
색상 #dad9d8 (RGB: (218, 217, 216))
색상 #212121 (RGB: (33, 33, 33))

이 방법을 사용하면 이미지에 포함된 주요 색상을 빠르게 파악할 수 있습니다. 추가적으로 도움이 필요하면 알려주세요.

이제 상위 2개 컬러를 제외하고 메인 컬러를 3개씩 달라고 해보자.

 다음 색상을 제외하고 각 이미지 조각에서 메인 컬러 3개씩 시각화해서 보여줘
색상 #d9d9d8 (RGB: (217, 217, 216))
색상 #dad9d8 (RGB: (218, 217, 216))

 Finished working   Show work ⌄

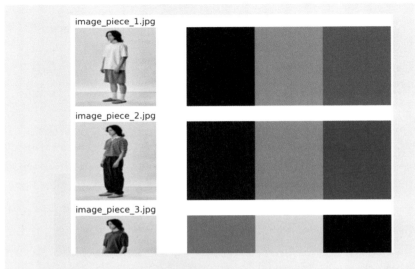

위의 그림은 원래의 이미지 조각(왼쪽)과 그 이미지에서 추출한 주요 세 가지 색상(오른쪽)을 함께 보여줍니다. 이때, 주요 색상에서 #d9d9d8 (RGB: (217, 217, 216))와 #dad9d8 (RGB: (218, 217, 216))은 제외되었습니다.

이제 엑셀로 저장해 보자.

 각 이미지 조각과 색상 값을 엑셀로 저장해줘.

 Finished working   Show work ⌄

각 이미지 조각과 해당 색상 값을 엑셀 파일로 성공적으로 저장했습니다.
아래 링크를 클릭하면 파일을 다운로드하실 수 있습니다:

Download image_colors.xlsx

파일을 열어보면 이미지 조각 파일명과 메인 컬러 값이 HTML 색상 코드로 들어간 것을 볼 수 있다.

	A	B	C	D
1		Color1	Color2	Color3
2	image_piece_1.jpg	#212121	#bca08d	#a1663e
3	image_piece_2.jpg	#0e2730	#a9a09b	#616363
4	image_piece_3.jpg	#938f7e	#d9d9d7	#051b22
5	image_piece_4.jpg	#0d263e	#b5aaa2	#646469
6	image_piece_5.jpg	#d7d9d9	#747070	#a6abb2
7	image_piece_6.jpg	#b0a8a2	#d9d9d9	#151e24
8	image_piece_7.jpg	#68625d	#b8a297	#081e28
9	image_piece_8.jpg	#dad9d9	#131c1f	#b5aaa1
10	image_piece_9.jpg	#4e6679	#15262f	#8a9a9e
11	image_piece_10.jpg	#dadad8	#8d815a	#1c201f
12	image_piece_11.jpg	#dbdad8	#8d7866	#1c2224
13	image_piece_12.jpg	#82746b	#131c21	#b5a9a3

그런데 이렇게 하지 말고 이미지는 삽입하고 메인 컬러는 셀의 배경색으로 칠해서 볼 수는 없을까? 물론 가능하다.

엑셀에 이미지를 삽입하고, 색상 코드는 해당 셀의 배경색으로 바꿔줘.

Python의 pandas와 openpyxl 라이브러리를 사용하여 엑셀 셀의 배경색을 바꾸고 이미지를 삽입할 수 있습니다.

그러나 주의해야 할 점이 있습니다. openpyxl 라이브러리는 웹색상명 (예: "red") 또는 RGB 코드를 색상으로 사용할 수 있지만, HTML 색상 코드 (#RRGGBB)는 직접 사용할 수 없습니다. 따라서 HTML 색상 코드를 RGB 코드로 변환해야 합니다.

Finished working	Show work ∨

각 이미지 조각과 해당 색상 값을 엑셀 파일로 성공적으로 저장했습니다. 또한, 각 색상 코드는 해당 셀의 배경색으로 설정되었고, 각 이미지는 엑셀 시트에 삽입되었습니다.

아래 링크를 클릭하면 파일을 다운로드하실 수 있습니다:

Download image_colors_with_images.xlsx

파일을 열면 이미지와 색상이 보인다.

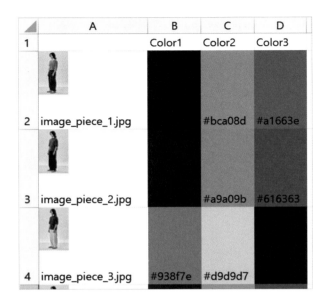

	A	B	C	D
1		Color1	Color2	Color3
2	image_piece_1.jpg		#bca08d	#a1663e
3	image_piece_2.jpg		#a9a09b	#616363
4	image_piece_3.jpg	#938f7e	#d9d9d7	

활용

 k-평균 군집분석을 이미지에 사용한 사례 10가지를 알려줘.

 k-평균 군집분석은 머신러닝에서 사용되는 비지도 학습 알고리즘 중 하나로, 데이터 포인트들을 k개의 클러스터로 분류하는 방법이다. k-평균 알고리즘은 이미지 처리 및 분석 분야에서 다양한 방식으로 활용되고 있다.

- 이미지 분할 : k-평균은 이미지에서 비슷한 색상을 가진 픽셀을 그룹화하는 데 사용되어, 이미지를 여러 세그먼트로 분할하는데 활용된다.
- 색상 양자화 : k-평균은 이미지의 색상을 줄이는 데 사용되는데, 이를 통해 이미지의 파일 크기를 줄이거나 시각적 효과를 만드는 데 사용된다.

- 이미지 압축 : 색상 양자화와 유사하게, k-평균은 이미지의 픽셀 값들을 클러스터 중심으로 대체함으로써 이미지를 압축하는 데 사용된다.
- 이미지 노이즈 제거 : k-평균은 이미지에서 노이즈를 제거하는데도 사용된다. 비슷한 픽셀을 그룹화하면 노이즈가 줄어들고 이미지가 더 깔끔해진다.
- 이미지 특징 추출 : k-평균은 이미지에서 중요한 특징을 추출하는 데 사용되어, 이미지 분류, 인식 등의 다른 머신러닝 작업에 이용된다.
- 이미지 검색 : k-평균은 이미지의 특징을 기반으로 유사한 이미지를 찾는 검색 알고리즘에 사용된다.
- 이미지 분류 : k-평균은 이미지를 군집화하고, 이 군집화 결과를 기반으로 이미지를 분류하는 데 사용된다.
- 이미지 텍스처 분석 : k-평균은 이미지의 텍스처를 분석하고 이해하는데 사용된다.
- 사람 얼굴 인식 : k-평균은 얼굴 인식 기술에서 사용되며, 특히 얼굴의 특징을 추출하고 이를 기반으로 얼굴을 분류하는데 사용된다.
- 생물학적 이미지 분석 : k-평균은 생물학적 데이터, 예를 들어 세포 이미지나 MRI 스캔에서 구조와 패턴을 찾는 데 사용된다.

26

명함에서
텍스트 추출하기
(광학문자인식)

상황

IT업체 영업사원 박 주임은 매일 명함을 서너 장씩 받는다. 받은 명함은 사무실에 가져와서 고객 관리 엑셀 파일을 열어서 이름, 휴대폰 번호, 이메일 주소 등을 추가한다. 그런데 가끔 바빠서 명함 정리를 못 하면 명함이 수십 장 수백 장 쌓여서 한 번에 정리하기가 귀찮다. 누가 한 번에 수백 장의 명함 정보를 엑셀로 정리해 주면 좋겠다.

데이터

📑 26.명함에서텍스트추출해서엑셀로저장하기 〉 **명함샘플1.jpeg**

📄 26.명함에서텍스트추출해서엑셀로저장하기 〉 **명함샘플2.png**

📄 26.명함에서텍스트추출해서엑셀로저장하기 〉 **명함샘플3.jpg**

📄 26.명함에서텍스트추출해서엑셀로저장하기 〉 **명함샘플4.png**

📄 26.명함에서텍스트추출해서엑셀로저장하기 〉 **명함샘플.zip**

해결

광학문자인식 기술인 OCR(Optical Character Recognition)을 사용하면 이미지에서 텍스트를 쉽게 추출할 수 있다. 일단 코드 인터프리터에 명함 하나를 올려서 텍스트를 추출해 달라고 하자.

  명함샘플1.jpeg

텍스트를 추출해서 알려줘

 확인하였습니다. 이 파일에서 텍스트를 추출하기 위해 OCR (Optical Character Recognition) 기술을 사용하겠습니다. 이 작업을 진행하시겠습니까?

 예

 Finished working   Show work ∨

죄송합니다. 현재 환경에서는 한국어 OCR을 지원하지 않는 것 같습니다. 대신 영어로 OCR을 시도해보겠습니다. 이에 동의하시나요?

한국어 OCR을 지원하지 않아서 오류가 났다. 2023년 7월 말 기준으로 한국어 처리를 위한 라이브러리 등이 설치되어 있지 않기 때문이다. 한국어 라이브러리를 설치하라고 해보자.

 한국어 라이브러리를 설치해서 해줘.

 죄송합니다, 현재 이 환경은 인터넷 접근이 차단되어 있어 외부에서 새로운 라이브러리를 설치하거나 업데이트할 수 없습니다. 따라서 한국어 OCR 라이브러리를 설치하는 것이 불가능합니다.

일단 영어로만 명함 정보를 추출해 보자.

 일단 영어만 추출해줘.

 영어로 OCR을 수행한 결과는 다음과 같습니다:

```
www.bc1945.modoo.at
LOGO
=
Zola] Zt TA ot
FAIS¦A} BES
AMSA AEF ASE 1008 100 28(O]At#)
TEL 02-1234-0123 FAX 02-0123-0123
Mobie 010-9173-1943 E-mail euriro@naver.com
DESIGN SAMPLE F e 00 ]
```

OCR은 이미지 내의 글자를 인식하는 기술입니다. 따라서 인식 결과가 완벽하
지 않을 수 있으며, 특히 이미지의 품질이나 글꼴, 배경 등에 따라 결과가 크게
달라질 수 있습니다. 이 텍스트는 한국어와 영어가 혼합되어 있어 완벽히 추출
되지 않았을 수 있습니다.

한글은 이상한 글자로 나오지만, 영어와 숫자는 정확히 나온다. 특히 웹사
이트 주소, 전화번호, 휴대폰번호, 이메일 주소는 명함에 있는 그대로 나온다.
이 내용을 엑셀로 저장해 달라고 하자.

웹사이트 주소, 휴대폰 번호, 이메일을 추출해서 엑셀에 정리해줘.

 엑셀 파일이 성공적으로 생성되었습니다. 아래 링크를 통해 다운로드할 수 있습니다:

Finished working   Show work ⌄

명함샘플1.xlsx 다운로드

파일을 열어보면 다음과 같다. 웹사이트 주소는 제대로 추출하지 못했다.

 웹사이트 주소가 안 들어있다. 다시 해줘.

 죄송합니다. 웹사이트 주소 추출이 잘못된 것 같습니다. 다시 한번 추출을 시도해보겠습니다.

Finished working   Show work ⌄

웹사이트 주소는 보통 'www.'로 시작하거나 'http://' 또는 'https://'로 시작합니다. 이러한 패턴을 기반으로 웹사이트 주소를 찾아보겠습니다.

Finished working   Show work ⌄

엑셀 파일이 성공적으로 생성되었습니다. 아래 링크를 통해 다운로드할 수 있습니다:

명함샘플1.xlsx 다운로드

파일을 다시 여니 웹사이트 주소도 보인다.

	A	B	C
1	Website	Phone Number	Email
2	www.bc1945.modoo.at	010-9173-1943	euriro@naver.com
3			

일반적으로 웹사이트 주소는 http://, 또는 https://로 시작되는데 명함에는 www로 시작할 경우 이런 오류가 생길 수 있다.

이제 여러 명함을 압축한 파일을 올리고 엑셀로 정리해달라고 하자.

 📄 명함샘플.zip

명함 이미지에서 웹사이트 주소, 휴대폰 번호, 이메일 주소를 추출해서 엑셀로 정리해줘.

 명함에서 추출한 정보를 엑셀 파일로 정리했습니다. 아래 링크를 클릭하시면 파일을 다운로드 받을 수 있습니다:

명함정보.xlsx 다운로드

파일을 열어보면 다음과 같이 첫 번째 명함에서만 텍스트가 제대로 추출된 것을 볼 수 있다.

	A	B	C	D
1	File	Email	Phone	Website
2	/mnt/data/명함샘플ㄱㅏφㅏㄴㄱㅏ·ㅏㅏ1.jpeg	euriro@naver.com	010-9173-1943	www.bc1945.modoo.at
3	/mnt/data/명함샘플ㄱㅏφㅏㄴㄱㅏ·ㅏㅏ3.jpg			
4	/mnt/data/명함샘플ㄱㅏφㅏㄴㄱㅏ·ㅏㅏ2.png			
5	/mnt/data/명함샘플ㄱㅏφㅏㄴㄱㅏ·ㅏㅏ4.png			
6				

두 번째 파일부터 제대로 추출되지 않았다. 다시 해줘.

 알겠습니다. OCR과 정보 추출 과정을 다시 한번 진행해보겠습니다.

…

두 번째부터 네 번째 이미지에서는 여전히 원하는 정보를 제대로 추출하지 못했습니다. 이는 이미지의 품질, 텍스트의 명확성, 글꼴 등에 따라 OCR의 성능이 달라질 수 있기 때문입니다.

…

하지만 여전히 일부 이미지에서는 원하는 정보를 제대로 추출하지 못했습니다. OCR과 관련된 이러한 문제를 해결하기 위해, 이미지의 품질을 향상시키거나, 다른 OCR 도구를 사용하거나, 더 복잡한 이미지 전처리 기법을 사용해 볼 수 있습니다. 그러나 이러한 접근법들은 복잡하고, 항상 더 좋은 결과를 보장하지는 않습니다.

다른 방법을 시도하거나 더 많은 도움이 필요하시면 알려주세요.

몇 번 시도해도 여전히 두 번째 명함부터는 텍스트를 추출하지 못했다. 이런 경우 해상도 때문인 경우가 많다. 해상도와 용량을 엑셀에 추가해 달라고 했다.

 각 이미지의 해상도와 용량을 엑셀 열에 추가해줘.

 각 이미지의 해상도와 용량을 추가하여 엑셀 파일을 업데이트했습니다. 아래 링크를 클릭하시면 파일을 다운로드 받을 수 있습니다:

명함정보_해상도및용량.xlsx 다운로드

파일을 보면 해상도(Resolution)가 첫 번째 명함만 높고 나머지는 낮다. 해상도에 따라 텍스트 추출 여부가 달라진 것을 알 수 있다.

	A	B	C	D	E	F
1	File	Email	Phone	Website	Resolution	Size (bytes)
2	/mnt/data/명함샘ㅣ	euriro@nav	010-9173-'	www.bc1!	1100x726	60528
3	/mnt/data/명함샘플 ㄱ φㅏ ㄴ · ㅣ ㅏ3.jpg				500x278	15545
4	/mnt/data/명함샘플 ㄱ φㅏ ㄴ · ㅏ ㅏ2.png				300x168	5558
5	/mnt/data/명함샘플 ㄱ φㅏ ㄴ · ㅏ ㅏ4.png				300x168	5140
6						

그렇다면 이미지 해상도를 먼저 높여서 텍스트를 추출해 달라고 하자.

 이미지 해상도를 향상시켜서 다시 시도해줘.

 이미지의 해상도를 향상시키는 방법 중 하나는 이미지를 확대하는 것입니다. 이 방법은 텍스트의 픽셀 수를 증가시켜 OCR의 정확도를 높일 수 있습니다. 하지만 이미지를 너무 많이 확대하면 이미지가 흐릿해지거나 과도한 노이즈가 발생할 수 있으므로 주의가 필요합니다.

Finished working   Show work ∨

이미지의 해상도를 향상시킨 후 OCR을 다시 실행했습니다. 이번에는 두 번째 이미지에서 전화번호를 성공적으로 추출했습니다. 그러나 나머지 이미지에서는 여전히 원하는 정보를 제대로 추출하지 못했습니다.

명함정보_해상도향상.xlsx 다운로드

파일을 열어보니 두 번째 명함(명함샘플3.jpg)에서만 휴대폰 번호를 찾아낸 것을 볼 수 있다.

	A	B	C	D
1	File	Email	Phone	Website
2	/mnt/data/명함샘플 ㄱ φ	euriro@naver.cc	010-9173-1943	www.bc1945.modoo.at
3	/mnt/data/명함샘플 ㄱ φㅏ ㄴ · ㅏ3.jpg		010 7174 5110	
4	/mnt/data/명함샘플 ㄱ φㅏ ㄴ · ㅏ2.png			
5	/mnt/data/명함샘플 ㄱ φㅏ ㄴ · ㅏ4.png			

코드 인터프리터로 이미지에서 텍스트를 추출하고자 할 때는 이미지의 해상도를 먼저 확인하자.

활용

 OCR을 사용한 사례 10가지를 알려줘.

 OCR(광학 문자 인식)은 사진, 스캔된 문서, PDF 등에서 문자를 자동으로 인식하는 기술이다. OCR은 컴퓨터가 인쇄된 텍스트나 필기 텍스트를 읽고 이를 편집 가능한 형식으로 변환한다. 이 기술은 빠르고 정확한 데이터 입력, 문서 자동화, 워크플로우 효율성 증가 등 다양한 분야에서 활용된다.

OCR 프로세스는 일반적으로 다음 단계를 거친다: 먼저 이미지 전처리 단계에서는 이미지의 품질을 향상시키고, 배경 잡음을 제거하며, 필요한 경우 이미지를 회전하거나 크기를 조정한다. 그 다음 문자 인식 단계에서는 이미지를 분석하여 개별 문자를 식별하고 인식한다. 마지막으로 후처리 단계에서는 인식된 텍스트의 오류를 수정하고, 형식을 조정한다.

오늘날 OCR 기술은 머신 러닝, 패턴 인식, 컴퓨터 비전 등 다양한 기술을 활용하여 높은 정확도와 다양한 언어 지원을 제공한다. 또한 스마트폰 카메라와 결합하여 모바일 환경에서도 사용할 수 있다..

다음은 OCR이 활용되는 몇 가지 사례다:

- 문서 디지털화 : OCR은 종이 문서를 디지털 형식으로 변환하는 데 사용된다. 이는 종이로 된 문서를 보관하고 관리하는 것에 비해 훨씬 효율적이며, 검색과 공유가 쉽다.
- 데이터 엔트리 자동화 : OCR은 수동 데이터 입력 작업을 줄이는 데 사용된다. 이는 인보이스, 영수증, 양식 등에서 정보를 자동으로 추출하는 데 유용하다.
- 도서 디지털화 : 도서관들은 종이로 된 책을 디지털 형식으로 변환하기 위해 OCR을 사용한다. 이를 통해 사용자는 원하는 정보를 쉽게 검색하고 접근할 수 있다.

- 자동 번호판 인식 : 교통 당국은 자동차의 번호판을 인식하고 기록하는 데 OCR을 사용한다. 이는 주차 관리, 교통 위반 감시 등에 사용된다.

- 장애인 지원 : 시각 장애인을 위한 독서 도우미 애플리케이션은 OCR을 사용하여 인쇄된 텍스트를 읽어준다.

- 모바일 텍스트 인식 : 모바일 애플리케이션은 OCR을 사용하여 사진에서 텍스트를 인식하고 번역하거나 저장할 수 있다.

- 은행업 : 체크 또는 양식에서 데이터를 읽어 들이는 데 OCR이 사용된다. 이는 효율적인 서비스 제공을 돕는다.

- 항공 운송 : 여권, 신분증 등의 개인 식별 문서를 읽는 데 OCR이 사용된다. 이는 보안 절차를 간소화하고 빠르게 진행한다.

- 교육 : OCR은 학생들이 사진이나 스캔된 문서에서 텍스트를 추출하고 편집할 수 있게 돕는다. 이는 과제 준비나 노트 작성을 쉽게 만든다.

- 우편 정렬 : 우체국은 우편물의 우편번호를 읽어서 정렬하는 데 OCR을 사용한다. 이는 우편 배달 과정을 더욱 효율적으로 만든다.

27

같은 소리인지
찾아내기
(교차 상관분석)

상황

한 제조공장에서 설비를 운전하는 민 반장은 최근에 설비에서 이상한 소리가 자꾸 들렸다. 음향 관련 전문가에게 물어보니 설비에서 나는 소리를 녹음해서 분석하면 뭔가 장애나 오작동 등을 찾을 수 있다고 한다. 일단 소리를 녹음한 민 반장은 소리를 분석해야 하는데 어떻게 분석해야 하는지 도통 알 수 없다.

데이터

📄 27.같은소리인지찾아내기 〉 Sound1.mp3

📄 27.같은소리인지찾아내기 〉 Sound2.mp3

📄 27.같은소리인지찾아내기 〉 Sound.zip

해결

소리가 오디오 파일로 녹음되어 있을 때 소리를 분석하는 방법 자체를 모른다면 코드 인터프리터에 오디오 파일을 올리고 분석을 해달라고 하자.

이 소리를 분석해줘.

 이 소리 파일을 분석하기 위해, 다음과 같은 점을 고려할 수 있습니다:

1. Waveform: 이는 소리의 시간에 따른 진폭을 보여줍니다.

2. Spectrum: 이는 소리의 주파수 내용을 보여줍니다.

3. Spectrogram: 이는 시간에 따른 소리의 주파수 내용을 보여줍니다.

어떤 유형의 분석을 원하시나요?

뭐가 뭔지 잘 모르니 일단 모두 해달라고 하자.

 모두

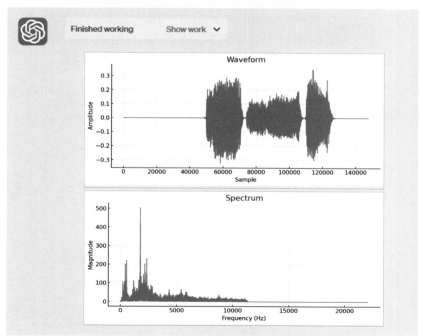

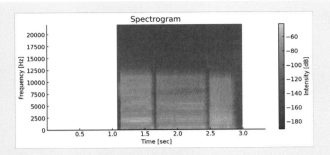

여기에 소리 파일의 세 가지 분석 결과를 보여드립니다.

- Waveform: 이 그래프는 시간에 따른 소리의 진폭을 보여줍니다. 소리의 강도는 진폭의 크기에 따라 다릅니다.
- Spectrum: 이 그래프는 소리의 주파수 성분을 보여줍니다. 즉, 소리가 어떤 주파수를 포함하고 있는지를 나타냅니다. X축은 주파수를 나타내고, Y축은 해당 주파수의 강도를 나타냅니다.
- Spectrogram: 이 그래프는 시간에 따른 소리의 주파수 성분을 보여줍니다. 즉, 시간이 지남에 따라 주파수가 어떻게 변하는지를 나타냅니다. X축은 시간을 나타내고, Y축은 주파수를 나타냅니다. 색상은 해당 시간과 주파수에서의 강도를 나타냅니다. 색이 밝을수록 강도가 높습니다.

이 결과를 통해 소리의 특성을 이해하는 데 도움이 되길 바랍니다. 추가적인 질문이 있으시다면 언제든지 말씀해주세요.

그런데 그림을 보고는 이게 의미가 있는지 잘 모른다.

그래서 이 소리는 어떤 소리냐?

 죄송합니다, 저는 인공지능으로써 실제 소리를 직접 듣거나 그 소리가 무엇인지를 판단할 수는 없습니다. 위의 분석은 소리의 주파수와 진폭에 대한 정보를 제공하며, 이는 소리의 특성을 이해하는 데 도움이 될 수 있습니다. 그러나 이것은 소리가 어떤 소리인지 (예: 사람의 목소리, 음악, 잡음 등)를 구체적으로 판별하기에는 부족합니다.

소리 파일의 출처나, 이 소리에 대한 추가적인 정보를 제공해주시면, 더 구체적인 해석이 가능할 수도 있습니다.

어떤 소리인지 판별하기 위해서는 추가 정보나 라이브러리가 필요하다. 일단 이게 어떤 소리인지 알려줘 보자.

 이 소리는 공장 소리다

 공장 소리라는 것을 알려주셔서 감사합니다.

위에서 제공한 분석 결과에 따르면, 공장 소리는 여러 주파수 성분을 가지고 있고, 특히 몇몇 주파수에서 높은 에너지(즉, 큰 진폭)를 보이는 것으로 보입니다. 이런 특성은 공장 소리가 주의를 끌기 위해 고안된 것이라는 점을 반영하고 있을 수 있습니다.

특히 스펙트로그램에서 볼 수 있는 시간에 따른 주파수 변화는 공장 소리가 어떻게 변하는지를 보여줍니다. 이를 통해 공장 소리가 일정한 톤을 유지하거나, 아니면 시간에 따라 톤이 변하는지 등을 알 수 있습니다.

그러나, 이러한 분석만으로는 공장 소리의 구체적인 유형을 알아내는 것은 어렵습니다. 이런 구체적인 정보를 얻으려면, 추가적인 컨텍스트나 데이터가 필요합니다.

약간 답정너 같은 식으로 대답하는 것 같다.

그러면 특정 소리를 분석해 달라고 하지 말고 두 소리를 비교해 달라고 해 보자. 같은 소리인지, 다른 소리인지 판별할 수 있을까?

압축한 사운드 파일을 올리고 비교해 달라고 하자.

 Sound.zip

두 오디오 파일을 비교해줘.

 파일을 확인해 보니 zip 압축 파일인 것 같습니다. 먼저 이 파일을 해제하겠습니다. 압축 파일 안에는 무엇이 포함되어 있는지 확인하겠습니다.

Finished working   Show work ✓

압축 해제 결과, 'Sound1.mp3'와 'Sound2.mp3' 두 개의 오디오 파일이 있습니다. 이 두 파일을 비교하겠습니다. 오디오 파일 비교는 일반적으로 두 파일의 waveform을 시각화하여 비교하거나, 파일의 기본 정보 (예: 샘플레이트, 채널 수 등)를 비교합니다. 또한, 오디오 특성을 분석하여 비교할 수도 있습니다. 어떤 방식으로 비교를 원하시나요?

뭐가 뭔지 모르니 알아서 해달라고 하자.

알아서 비교해줘.

 네, 알겠습니다. 먼저, 두 오디오 파일의 기본 정보와 waveform을 비교하고, 이어서 스펙트럼 분석을 통해 두 파일을 비교해보겠습니다. 이 분석은 오디오의 주파수 구성을 나타내는 스펙트럼을 비교합니다.
먼저, 두 파일의 기본 정보를 확인하겠습니다.

Finished working   Show work ✓

두 오디오 파일의 기본 정보는 다음과 같습니다:

- Sound1.mp3
- 채널 수: 2 (스테레오)
- 샘플 폭: Signed 16 bit PCM
- 샘플 레이트: 44100 Hz
- 프레임 수: 147503
- 압축 유형: mp3

Sound2.mp3

- 채널 수: 2 (스테레오)
- 샘플 폭: Signed 16 bit PCM
- 샘플 레이트: 44100 Hz
- 프레임 수: 206255
- 압축 유형: mp3

이 정보에 따르면, 두 파일은 같은 샘플 레이트와 채널 수를 가지고 있지만, 'Sound2.mp3'의 프레임 수가 'Sound1.mp3'보다 많습니다. 이는 'Sound2. mp3'의 길이가 'Sound1.mp3'보다 더 길다는 것을 의미합니다.

다음으로, 두 오디오 파일의 waveform과 스펙트럼을 시각화하여 비교하겠습니다.

Finished working   Show work ⌄

- Waveform은 오디오의 시간 도메인 표현으로, 시간에 따른 오디오 신호의 진폭을 보여줍니다. 'Sound1.mp3'와 'Sound2.mp3'의 waveform을 비교해보면, 두 오디오 파일의 패턴이 약간 다른 것을 볼 수 있습니다. 이는 두 오디오가 다른 소리를 내는 것을 의미할 수 있습니다.
- Spectrum은 오디오의 주파수 도메인 표현으로, 오디오 신호의 주파수 구성을 보여줍니다. 두 오디오 파일의 스펙트럼을 비교해보면, 두 오디오가 다른 주파수 구성을 가지고 있는 것을 볼 수 있습니다.

따라서, 이 두 오디오 파일은 서로 다른 소리를 나타내는 것으로 보입니다.

뭔가 정확하게 분석하는 것 같진 않지만 같은 소리인지 다른 소리인지는 찾아내는 것 같다. 만약 두 소리가 비슷할 확률을 구해달라고 하면 어떻게 할까? 이때 교차 상관분석(cross-correlation)을 사용하면 된다.

 cross-correlation을 사용해서 두 소리의 유사성을 확률로 알려줘.

 교차 상관분석은 두 신호 간의 유사성을 측정하는 방법입니다. 신호의 유사성이란 한 신호가 다른 신호에 비해 얼마나 "비슷하게" 움직이는지를 의미합니다. 이는 두 신호가 얼마나 잘 "일치"하는지를 측정합니다.

교차 상관은 일반적으로 -1과 1 사이의 값을 가지며, 이 값이 1에 가까울수록 두 신호는 서로 잘 일치하고, -1에 가까울수록 두 신호는 서로 잘 일치하지 않습니다. 0은 두 신호가 서로 관련이 없음을 나타냅니다.
이제 이 과정을 코드로 구현하겠습니다.

Finished working   Show work ∨

두 소리 파일의 유사성을 나타내는 값은 약 5.19×10^{-6}입니다. 이는 -1과 1 사이의 값으로, 두 소리가 완전히 동일하면 1, 전혀 유사하지 않으면 0에 가깝게 나타납니다. 따라서 이 두 소리 파일은 약간의 유사성을 가지고 있지만, 큰 유사성을 가지고 있다고 말하기는 어렵습니다. 이는 두 소리가 서로 다른 패턴이나 특성을 가질 수 있음을 나타냅니다.
이 결과는 단지 두 소리 사이의 일반적인 유사성을 나타내며, 특정 측면 (예: 주파수, 진폭, 지속 시간 등)에 대한 유사성을 분석하려면 추가적인 신호 처리 및 분석이 필요할 수 있습니다.

이 결과는 두 소리 사이의 일반적인 유사성을 나타낸다고 한다. 특정 측면에 대해 유사성을 더 분석할 수 있을까?

주파수, 진폭, 지속 시간에 대해 유사성을 분석해줘.

 네, 두 오디오 신호의 주파수, 진폭, 그리고 지속 시간에 대한 유사성을 분석하겠습니다.

- 주파수: 주파수 분석은 오디오 신호의 특징을 파악하는 데 중요합니다. 두 오디오 신호의 주파수 스펙트럼을 비교하여 유사성을 분석할 수 있습니다.
- 진폭: 진폭은 소리의 '강도' 또는 '크기'를 나타내는 측정치입니다. 두 오디오 신호의 최대 진폭을 비교할 수 있습니다.
- 지속 시간: 이는 오디오 신호가 얼마나 오래 지속되는지, 즉 신호의 길이를 나타냅니다. 두 오디오 신호의 지속 시간을 비교할 수 있습니다.

먼저 주파수 분석을 위해 두 오디오 신호의 주파수 스펙트럼을 계산하겠습니다. 그리고 진폭과 지속 시간을 계산하겠습니다.

Finished working   Show work ✓

두 오디오 신호의 주파수, 진폭, 그리고 지속 시간에 대한 유사성을 분석한 결과는 다음과 같습니다:

- 주파수 유사성: 약 0.2109입니다. 이는 두 신호의 주파수 스펙트럼이 약간 유사하다는 것을 나타냅니다.
- 진폭 유사성: 약 −0.0052입니다. 이는 두 신호의 진폭 패턴이 서로 다르다는 것을 나타냅니다.
- 지속 시간 유사성: 약 0.7151입니다. 이는 두 신호의 지속 시간이 비교적 유사하다는 것을 나타냅니다.

이 결과들은 두 오디오 신호가 일부 측면에서는 유사성을 보이지만, 다른 측면에서는 차이를 보이는 것으로 해석할 수 있습니다. 주파수 스펙트럼에 대한 유사성은 두 신호가 비슷한 주파수 구성 요소를 가지고 있음을 나타냅니다. 진폭에 대한 유사성은 두 신호의 진폭 패턴이 서로 다르다는 것을 나타냅니다. 지속 시간에 대한 유사성은 두 신호의 지속 시간이 비교적 유사하다는 것을 나타냅니다.

비슷한 듯 비슷하지 않다는 말인 것 같다.

어쨌든 두 오디오 파일을 비교 분석할 때 이런 식으로 유사성을 사용할 수 있다.

활용

 교차 상관분석(cross-correlation) 분석을 어디에 사용할 수 있니? 사례 10가지를 알려줘.

 교차 상관분석은 두 시계열 데이터 간의 상관관계를 분석하는 방법이다. 이 방법은 한 시계열이 다른 시계열에 미치는 영향을 측정하거나 두 시계열이 동일한 패턴이나 트렌드를 공유하는지를 확인하는 데 사용된다.

교차 상관분석에서는 한 시계열을 '지연'시키는 것이 일반적이다. 즉, 한 시계열을 시간 축을 따라 앞뒤로 이동시켜 다른 시계열과의 상관관계를 측정한다. 이를 통해 시차가 주어질 때 두 시계열 간의 상관관계가 어떻게 변하는지를 파악할 수 있다.

예를 들어, 교차 상관분석을 사용하여 특정 광고 캠페인이 판매에 어떤 영향을 미치는지, 특정 기후 변화가 식물의 성장에 어떤 영향을 미치는지 등을 분석할 수 있다. 이러한 정보는 예측 모델링, 의사 결정, 전략 계획 등에서 유용하게 활용될 수 있다. 다음은 사례다.

- 경제학 : 경제학에서는 여러 경제 지표(예: GDP, 실업률, 인플레이션 등) 간의 관계를 알아보기 위해 크로스-코릴레이션 분석을 한다.
- 재무 분석 : 재무 분석에서는 다른 주식이나 채권, 상품 등의 수익률 간의 크로스-코릴레이션을 계산해서 포트폴리오 다양화를 최적화한다.
- 기상학 : 기상 예측에서는 특정 지역의 기온과 강수량 등의 크로스-코릴레이션 분석을 통해 기상 패턴을 예측하는 모델을 만든다.
- 신경과학 : 신경과학에서는 뇌의 다른 영역에서 기록된 신경 활동의 크로스-코릴레이션을 분석해서 두 영역이 어떻게 상호 작용하는지를 알아본다.

- 공학 : 신호 처리에서 크로스-코릴레이션은 두 신호 간의 유사성을 측정하는 데 사용한다. 이 방법은 음성 인식, 이미지 인식, 레이더 시스템 등에서 활용된다.
- 생물학 : 생물학에서는 유전자 발현 패턴의 크로스-코릴레이션 분석을 통해 관련 유전자를 찾거나 유전자 네트워크를 만든다.
- 지질학 : 지진 감지기 네트워크에서는 크로스-코릴레이션 분석을 사용하여 지진 신호의 도착 시간을 정확하게 측정하고, 이 정보를 바탕으로 지진의 위치를 추정한다.
- 마케팅 분석 : 마케팅에서는 크로스-코릴레이션 분석을 활용해 특정 광고 캠페인이 판매에 어떤 영향을 미치는지를 측정한다.
- 의료 분야 : 의료 분야에서는 환자의 심박수, 혈압 등 다양한 생체 신호의 크로스-코릴레이션을 분석하여 질병 진단을 돕는데 이용한다.
- 물리학 : 물리학에서는 입자의 운동을 추적하거나 복잡한 시스템의 동력학을 분석하는 데 크로스-코릴레이션 분석을 사용한다.

6

3분 만에
데이터 시각화하기

28 _ 차트 만들고 수정하기

29 _ 여러 개의 차트 그리기

30 _ GIF 애니메이션 차트 만들기

31 _ 우리나라 행정구역 지도 그리기

32 _ 사진으로 슬라이드 영상 만들기

차트 만들고
수정하기

상황

공공데이터 분석 대회에 참가하려는 대학생 김영희는 행정구역별 인구 변화를 분석하려고 한다. 일단 통계청에서 행정구역별 인구 통계를 다운로드했다. 이 데이터로 간단한 차트를 그리려고 한다.

데이터

📄 28.차트만들고수정하기 〉 **행정구역별인구통계.xlsx**

	A	B	C	D	E	F	G	H	I
1	행정구역별	1955	1960	1966	1970	1975	1980	1985	1990
2	서울특별시	1,568,746	2,445,402	3,793,280	5,525,262	6,879,464	8,350,616	9,625,755	10,603,250
3	부산광역시	-	-	1,426,019	1,876,391	2,450,125	3,156,931	3,512,113	3,795,892
4	대구광역시	-	-	-	-	-	-	2,028,370	2,227,979
5	인천광역시	-	-	-	-	-	-	1,384,916	1,816,328
6	광주광역시	-	-	-	-	-	-		1,138,717
7	대전광역시	-	-	-	-	-	-		1,049,122
8	울산광역시	-	-	-	-	-	-		
9	경기도	2,359,558	2,748,765	3,102,325	3,353,272	4,034,707	4,930,335	4,792,617	6,154,359
10	강원도	1,495,755	1,636,767	1,831,185	1,865,426	1,860,768	1,790,226	1,724,146	1,579,859
11	충청북도	1,191,268	1,369,780	1,548,821	1,480,338	1,521,348	1,423,381	1,390,326	1,389,222

16개 행정구역별로 1955년부터 2010년까지 5년 단위 통계가 있다.

시각화

일단 데이터를 올리고 차트를 그려달라고 해보자.

 행정구역별인구통계.xlsx

차트를 그려줘.
행정구역 이름은 영어로 바꿔줘.

Finished working   Show work ⌄

데이터는 한국의 여러 행정 구역들의 인구 통계를 나타내고 있습니다. 한국의 주요 도시의 이름을 영어로 바꾸겠습니다. 다음과 같이 매핑할 수 있습니다:

- 서울특별시: Seoul
- 부산광역시: Busan
- 대구광역시: Daegu
- 인천광역시: Incheon
- 광주광역시: Gwangju
- 등등...

모든 도시의 영어 이름을 알지 못하므로, 알려진 도시들만 변경하겠습니다. 추가로 변경하고 싶은 도시가 있다면 알려주세요.

Finished working   Show work ⌄

행정 구역 이름이 성공적으로 영어로 변경되었습니다. 이제 차트를 그릴 준비가 되었습니다. 어떤 종류의 차트를 원하시나요? 예를 들어, 시간에 따른 각 도시의 인구 변화를 나타내는 선 그래프를 그릴 수 있습니다.

알아서 결정해 달라고 하자.

네가 결정해서 그려줘.

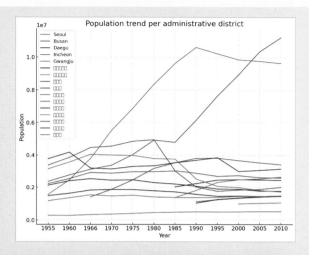

위의 그래프는 한국의 주요 도시들의 인구 변화를 나타냅니다. X축은 연도를, Y축은 인구를 나타냅니다. 각 라인은 각 도시의 인구 변화를 나타내며, 라인의 색상은 해당 도시를 나타냅니다.

선 그래프를 그려냈는데 보기가 쉽지 않다. 2010년을 기준으로 인구 상위 5개를 다른 색으로 표시해달라고 하자.

2010년을 기준으로 인구 상위 5개를 다른 색으로 표시해줘.

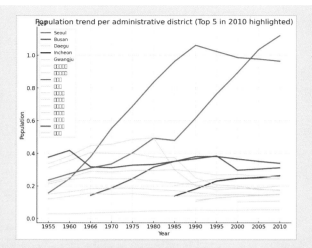

위의 그래프는 2010년을 기준으로 인구가 가장 많은 5개 도시를 강조하여 보여
줍니다. 이 도시들은 다른 도시들에 비해 더 굵고 색상이 두드러지게 표시되어
있습니다.

선 오른쪽 끝에 행정구역 라벨을 넣어달라고 하자.

상위 5개 행정구역의 선 오른쪽 끝에 행정구역 라벨을 넣어줘.

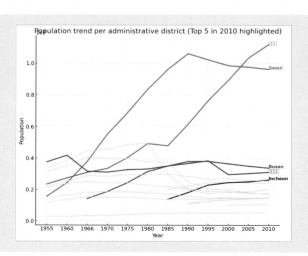

챗GPT와 데이터 분석 with 코드 인터프리터

라벨에 네모가 들어간 것은 한글 처리가 안 된 것이다. 영어로 바꿔 달라고
하자.

 영어로 못 바꾼 행정구역 이름은 발음 나는 대로 영어로 바꿔줘.

 한글 행정구역 이름을 영어로 발음나는 대로 바꾸는 것은 정확한 발음 규칙에
따라 다르며, 여러 가지 방법이 있을 수 있습니다. 또한, 동일한 한글 이름도 다
양한 영어 발음이 가능하므로 완벽한 변환은 어려울 수 있습니다.
그러나 대략적인 발음에 따라 한글을 영어로 바꾸는 것은 가능합니다. 예를 들
어, "충청남도"는 "Chungcheongnam-do", "전라북도"는 "Jeollabuk-do"와
같이 변환할 수 있습니다.

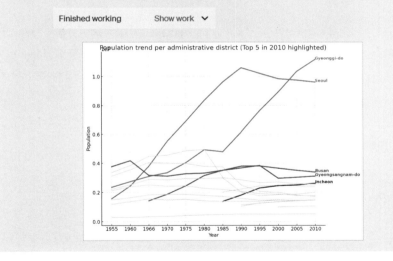

이번에는 컬러를 바꿔보자.

상위 5개의 컬러를 각각 다르게 해줘.

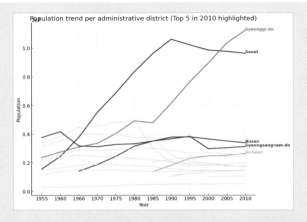

이제 각각의 상위 5개 도시가 고유한 색상으로 표시되는 그래프를 볼 수 있습니다. 이를 통해 각 도시의 인구 변화 추세를 더욱 명확하게 파악할 수 있습니다. 또한, 각 라인의 끝에 도시 이름이 표시되어 있어, 어떤 라인이 어떤 도시를 나타내는지 쉽게 알 수 있습니다.

라벨이 너무 작은 것 같다. 폰트 크기를 키워보자.

라벨이 너무 작다. 폰트 크기를 2배로 키워 줘.

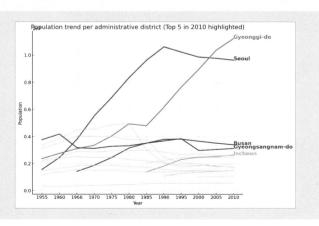

이제 그래프의 라벨 크기가 더 커졌습니다. 이를 통해 각 도시의 이름을 더욱 명확하게 볼 수 있습니다. 그래프의 각 선의 끝에 도시 이름이 표시되어 있어, 어떤 선이 어떤 도시를 나타내는지 쉽게 알 수 있습니다.

그런데 적록색약을 가진 사람이 있으면 선의 색을 잘 구별 못할 수 있다.

 적록색약도 볼 수 있게 해줘.

 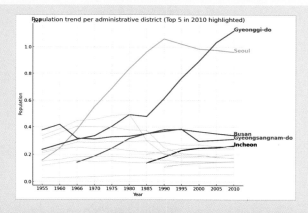

이제 그래프의 색상이 적록색약을 고려하여 변경되었습니다. 이를 통해 적록색약인 사람들도 각 도시의 인구 변화 추세를 더욱 명확하게 파악할 수 있습니다.

이왕 하는 김에 선의 모양도 다르게 해달라고 하자.

선의 모양도 다르게 해줘.

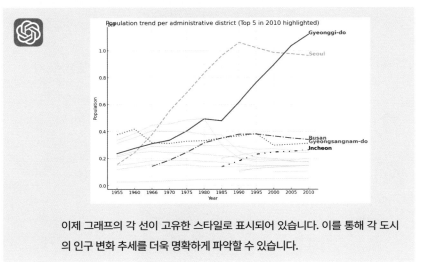

이제 그래프의 각 선이 고유한 스타일로 표시되어 있습니다. 이를 통해 각 도시의 인구 변화 추세를 더욱 명확하게 파악할 수 있습니다.

원하는 차트가 그려질 때까지 이와 같은 식으로 수정을 요청하면 된다.

29

여러 개의
차트 그리기

상황

공공데이터 분석 대회에 참가하려는 대학생 김영희는 주요 행정구역의 인구 변화를 구별해서 보고 싶다. 행정구역별로 차트를 각각 그려서 보거나, 각 차트에 평균을 넣어 보거나 하는 식이다.

데이터

📄 29.여러 개의차트그리기 〉 **행정구역별인구통계**.xlsx

	A	B	C	D	E	F	G	H	I
1	행정구역별	1955	1960	1966	1970	1975	1980	1985	1990
2	서울특별시	1,568,746	2,445,402	3,793,280	5,525,262	6,879,464	8,350,616	9,625,755	10,603,250
3	부산광역시	-	-	1,426,019	1,876,391	2,450,125	3,156,931	3,512,113	3,795,892
4	대구광역시	-	-	-	-	-	-	2,028,370	2,227,979
5	인천광역시	-	-	-	-	-	-	1,384,916	1,816,328
6	광주광역시	-	-	-	-	-	-	-	1,138,717
7	대전광역시	-	-	-	-	-	-	-	1,049,122
8	울산광역시	-	-	-	-	-	-	-	-
9	경기도	2,359,558	2,748,765	3,102,325	3,353,272	4,034,707	4,930,335	4,792,617	6,154,359
10	강원도	1,495,755	1,636,767	1,831,185	1,865,426	1,860,768	1,790,226	1,724,146	1,579,859
11	충청북도	1,191,268	1,369,780	1,548,821	1,480,338	1,521,348	1,423,381	1,390,326	1,389,222

16개 행정구역별로 1955년부터 2010년까지 5년 단위 통계가 있다.

시각화

일단 두 개의 도시를 각각의 차트로 그려달라고 하자.

  행정구역별인구통계.xlsx

차트를 두 개 그리고 싶다.
왼쪽에는 서울특별시만 있는 선 그래프를 그려줘.
오른쪽에는 경기도만 있는 선 그래프를 그려줘.
서울특별시는 Seoul로, 경기도는 Gyungi로 표기해줘.

 Finished working   Show work ⌄

데이터를 확인해 보니, 각 행은 한 행정 구역을 나타내고, 각 열은 해당 년도의 인구를 나타내는 것 같습니다.
서울특별시와 경기도에 해당하는 행을 추출하고, 이를 이용하여 각각의 선 그래 프를 그려보겠습니다. 이때, 각 그래프의 제목은 'Seoul'과 'Gyungi'로 설정하 겠습니다.

Finished working   Show work ⌄

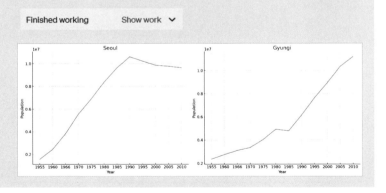

이번에는 서울특별시, 부산광역시, 경기도, 경상남도를 그려달라고 하자.

이번에는 차트를 4개 그려줘.
서울특별시, 부산광역시, 경기도, 경상남도

네, 서울특별시, 부산광역시, 경기도, 경상남도에 대한 선 그래프를 2x2 형태로
그려드리겠습니다. 이번에도 각 그래프의 제목은 각 지역명으로 설정하겠습
니다.

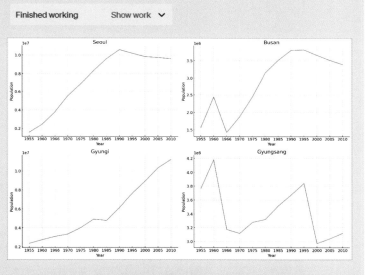

위의 그래프에서 볼 수 있듯이, 서울특별시, 부산광역시, 경기도, 경상남도의 인
구 추이를 각각 선 그래프로 나타냈습니다.

도시가 4개다 보니 그래프를 2×2 형태로 그린 것을 볼 수 있다.

여기서 선 그래프가 변화를 잘 보여주기 위해 눈금 간격을 각각 다르게 했
는데, 눈금 간격을 동일하게 해달라고 해보자.

Y축 눈금 간격을 동일하게 맞춰서 다시 그려줘.

 네, 그래프의 Y축 눈금 간격을 동일하게 맞추어 그려드리겠습니다. 이를 위해 모든 그래프의 Y축 범위를 전체 데이터의 최소값과 최대값으로 설정하겠습니다.

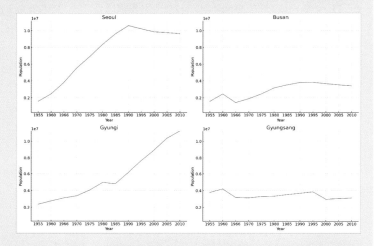

위의 그래프에서 볼 수 있듯이, 서울특별시, 부산광역시, 경기도, 경상남도의 인구 추이를 각각 선 그래프로 나타냈습니다. 이번에는 모든 그래프의 Y축 눈금 간격을 동일하게 설정하여 그려보았습니다.

이로써 각 지역의 인구 변동 추세를 직접적으로 비교할 수 있게 되었습니다. 이를 통해 각 지역의 인구 증감률을 더욱 명확하게 이해하실 수 있을 것입니다. 다른 질문이 있으시면 언제든지 물어보세요.

이번에는 차트 종류를 바꿔보자.

서울과 부산은 방금처럼 선 그래프로 그리고, 경기도와 경상남도는 막대그래프로 그려줘.

 네, 이번에는 서울과 부산에 대해서는 선 그래프를, 경기도와 경상남도에 대해서는 막대 그래프를 그려드리겠습니다. 이를 위해 서브플롯을 2x2 형태로 생성하고, 각 그래프의 유형을 지정하겠습니다. Y축의 눈금 간격은 이전과 동일하게 유지하겠습니다.

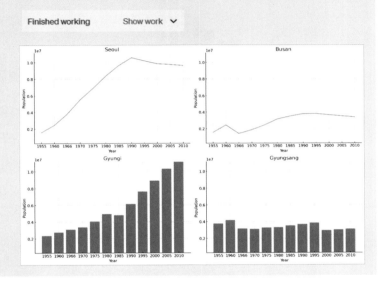

이번에는 모든 차트에 전국 평균 선을 추가해 보자.

 모든 차트에 전국 평균 선을 추가해줘. 평균 선은 빨간색으로 굵게 해줘.

 네, 모든 차트에 전국 평균 선을 추가하겠습니다. 이를 위해 먼저 전체 데이터의 년도별 평균 인구를 계산하겠습니다. 그런 다음, 각 그래프에 빨간색 굵은 선으로 이 평균값을 표시하겠습니다.

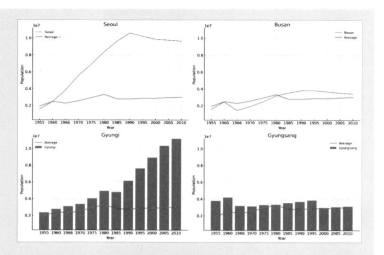

위의 그래프에서 볼 수 있듯이, 각 지역의 인구 추이와 함께 전국 평균 인구 추이
를 빨간색 굵은 선으로 나타냈습니다. 이를 통해 각 지역의 인구 변동이 전국 평
균에 비해 어떻게 변화하는지 비교하실 수 있습니다.

30

GIF 애니메이션
차트 만들기

상황

공공데이터 분석 대회에 참가하려는 대학생 김영희는 특정 행정구역의 데이터를 애니메이션 해서 보고 싶다. GIF 애니메이션 파일을 만들고 싶다.

데이터

📄 30.GIF애니메이션차트만들기 〉**행정구역별인구통계.xlsx**

	A	B	C	D	E	F	G	H	I
1	행정구역별	1955	1960	1966	1970	1975	1980	1985	1990
2	서울특별시	1,568,746	2,445,402	3,793,280	5,525,262	6,879,464	8,350,616	9,625,755	10,603,250
3	부산광역시	-	-	1,426,019	1,876,391	2,450,125	3,156,931	3,512,113	3,795,892
4	대구광역시	-	-	-	-	-	-	2,028,370	2,227,979
5	인천광역시	-	-	-	-	-	-	1,384,916	1,816,328
6	광주광역시	-	-	-	-	-	-	-	1,138,717
7	대전광역시	-	-	-	-	-	-	-	1,049,122
8	울산광역시	-	-	-	-	-	-	-	-
9	경기도	2,359,558	2,748,765	3,102,325	3,353,272	4,034,707	4,930,335	4,792,617	6,154,359
10	강원도	1,495,755	1,636,767	1,831,185	1,865,426	1,860,768	1,790,226	1,724,146	1,579,859
11	충청북도	1,191,268	1,369,780	1,548,821	1,480,338	1,521,348	1,423,381	1,390,326	1,389,222

6부 _ 3권 만에 데이터 시각화하기

16개 행정구역별로 1955년부터 2010년까지 5년 단위 통계가 있다.

시각화

GIF(Graphics Interchange Format) 파일은 여러 장의 이미지를 하나의 파일에 담을 수 있어서 흔히 움직이는 사진으로 많이 사용된다. 코드 인터프리터는 GIF를 만들 수 있으므로 차트 선이 그어지는 애니메이션을 만들 수 있다.

  행정구역별인구통계.xlsx

서울특별시의 인구변화를 GIF 애니메이션 그래프로 만들어 줘.

 제공된 데이터에는 1955년부터 2010년까지의 서울특별시를 포함한 여러 행정구역의 인구 수가 포함되어 있습니다. 이제 이 데이터를 사용하여 GIF 애니메이션 그래프를 만들어 보겠습니다.
참고로, 이 작업은 몇 가지 단계로 이루어집니다:

- 각 연도별 인구 수를 그래프로 그립니다.
- 이 그래프를 이미지 파일로 저장합니다.
- 이 모든 이미지를 모아 GIF 애니메이션을 만듭니다.

또한, 이 작업을 수행하기 위해 matplotlib, PIL(Pillow) 등의 Python 라이브러리를 사용합니다. 이러한 라이브러리들은 그래프 생성, 이미지 처리 등에 널리 사용됩니다.
그러면 이제 해당 작업을 시작해 보겠습니다.

Finished working   Show work ∨

서울특별시의 인구 변화에 대한 GIF 애니메이션 그래프를 생성했습니다. 아래 링크를 클릭하시면 그래프를 확인하실 수 있습니다.

서울특별시 인구 변화 GIF

애니메이션 GIF 파일이 만들어졌다. 그런데 여기서는 애니메이션을 볼 수 없다. 대신 프레임을 나누는 것도 코드 인터프리터가 할 수 있으니 코드 인터프리터에게 요청해서 결과를 보자.

GIF 애니메이션에서 모든 프레임을 추출해서 하나의 이미지로 보여줘. 이미지 안에 프레임은 가로로 3개씩 들어가게 해줘.

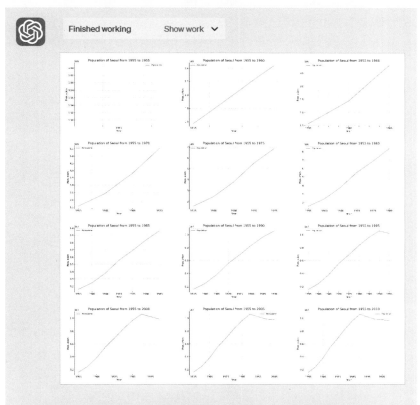

모든 프레임이 3개의 열로 나열된 이미지입니다. 각 프레임은 왼쪽에서 오른쪽으로, 그리고 위에서 아래로 순서대로 배치되어 있습니다. 추가적인 요청이 있으시면 알려주세요.

자세히 보면 축이 변동되면서 그려지는 것을 볼 수 있다. 축을 고정해서 달라고 해보자.

2010년 값을 기준으로 Y축과 X축을 고정해서 다시 만들어줘.

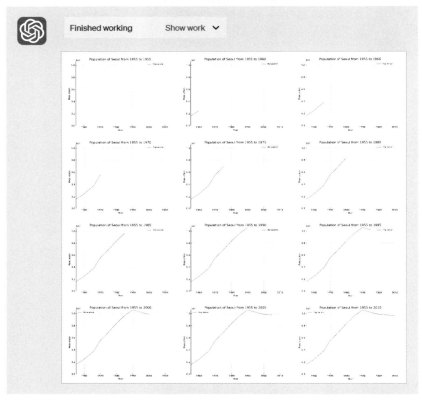

31

우리나라 행정구역
지도 그리기

상황

프랜차이즈 기업 본사에서 일하는 홍 주임은 전국 지점의 매출을 광역시도 별로 구분해서 보고해야 한다. 그런데 팀장이 국내 지도를 그려서 보기 좋게 표현하면 좋겠다고 한다. 인터넷에서 그림을 찾아서 파워포인트 넣고 각 시도 별로 매출을 넣으려고 하니 일이 점점 많아졌다.

데이터

📄 31.우리나라행정구역지도그리기 〉 **광역시도별매출.xlsx**

	A	B	C
1	**광역시도(한글)**	**광역시도(영어)**	**매출(단위: 백만원)**
2	부산	Busan	960
3	충청북도	Chungcheongbuk-do	962
4	충청남도	Chungcheongnam-do	589
5	대구	Daegu	303
6	대전	Daejeon	253
7	강원도	Gangwon-do	407

해결

일단 코드 인터프리터로 지도를 그릴 수 있는지 알아보자.

 광역시도별매출.xlsx

세계 지도를 그리고 한국을 표시해줘.

Finished working   Show work ∨

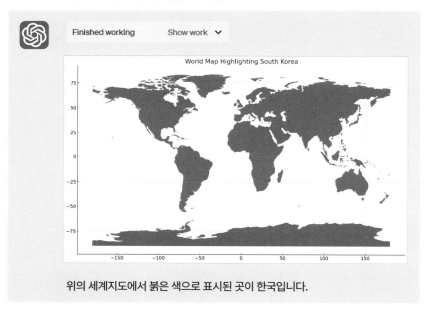

위의 세계지도에서 붉은 색으로 표시된 곳이 한국입니다.

코드 인터프리터가 지도를 그릴 수 있다.

이번에는 아시아 지도를 그려달라고 하자.

 아시아 지도를 그리고 한국을 표시해줘.

 Finished working   Show work ∨

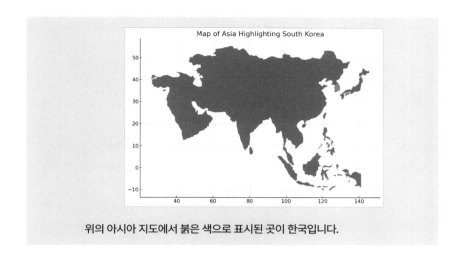

위의 아시아 지도에서 붉은 색으로 표시된 곳이 한국입니다.

이번에는 한국 지도를 그리고 서울을 표시해달라고 하자.

 한국 지도를 그리고 서울을 표시해줘.

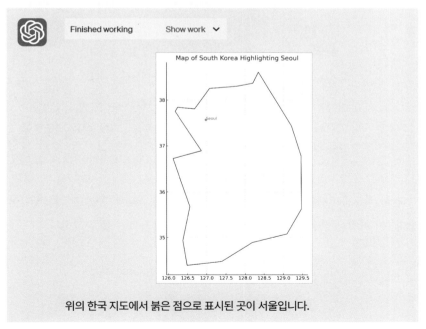

위의 한국 지도에서 붉은 점으로 표시된 곳이 서울입니다.

그런데 한국 지도가 좀 이상하다. 제주도도 없고 행정구역 경계선도 안 보인다.

 한국의 행정구역을 지도로 그려줘.

 죄송합니다. 현재 제가 사용할 수 있는 데이터셋에는 한국의 행정구역에 대한 정보가 포함되어 있지 않습니다. 이는 일반적인 세계 지도 데이터셋이 국가 단위의 정보만을 포함하고 있기 때문입니다.

한국의 행정구역을 그리기 위해서는 한국의 행정구역에 대한 세부적인 지리 정보가 필요하며, 이는 일반적으로 공공 데이터 포털이나 행정안전부 등의 공식 웹사이트에서 찾을 수 있습니다. 그러나 현재 제가 인터넷에 접근할 수 없으므로 이러한 정보를 제공할 수 없습니다.

아래는 한국의 행정구역에 대한 세부적인 지리 정보를 얻어 지도를 그리는 일반적인 절차입니다:

1. 한국의 행정구역에 대한 Shapefile 또는 GeoJSON 파일을 다운로드합니다. 이러한 파일은 각 행정구역의 경계를 정의하는 지리적 좌표를 포함하고 있습니다.
2. geopandas 라이브러리를 사용하여 이 파일을 로드합니다.
3. geopandas의 plot 함수를 사용하여 행정구역을 그립니다.

이 작업을 수행하려면 해당 데이터에 접근할 수 있는 인터넷 연결이 필요합니다. 자신의 개인 컴퓨터에서 이 작업을 수행하는 것을 고려해 보시는 것도 좋을 것 같습니다.

한국 지도를 자세히 그리려면 일단 한국의 행정구역에 대한 파일을 찾아야 한다. 이 파일은 다음 깃허브에서 찾을 수 있다. 다음 주소를 참고하자.

https://github.com/southkorea/southkorea-maps

이곳에는 여러 지도 데이터가 있다. 그중에서 GADM 폴더의 json 파일을
사용하자. 다음 화면에서 skorea-provinces-geo.json 파일을 클릭하면
된다.

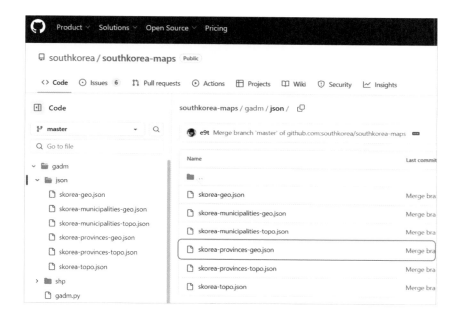

파일 상세 화면에서 오른쪽에 있는 다운로드 버튼을 클릭해서 파일을 다운
로드하자.

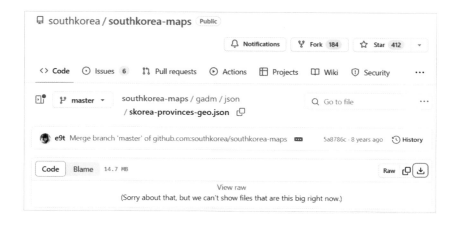

이제 이 파일을 코드 인터프리터에 올려서 지도를 그려달라고 하자.

skorea-provinces-geo.json

지도를 그려줘.

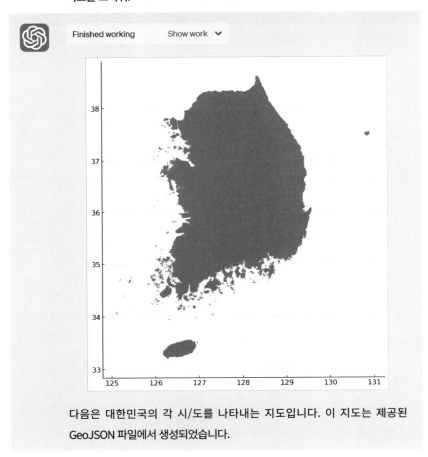

다음은 대한민국의 각 시/도를 나타내는 지도입니다. 이 지도는 제공된 GeoJSON 파일에서 생성되었습니다.

그런데 시도 구분이 잘 보인다.

광역시도를 표시하고 경계선을 굵게 그려줘

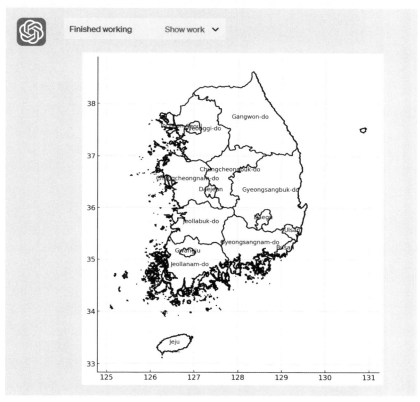

갑자기 배경색이 바뀌었지만 일단 그대로 가보자.

이제 광역시도별 매출 파일을 올려서 병합해 달라고 하자.

광역시도별매출.xlsx

이 데이터의 매출을 지도에 표시해줘.
단위는 빼줘.

Finished working   Show work ⌄

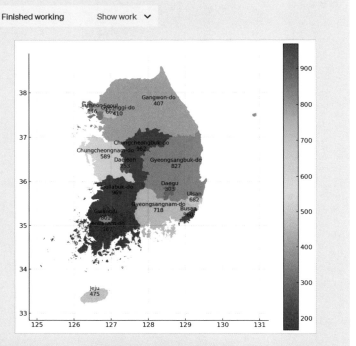

다음은 대한민국의 각 광역시/도를 매출 데이터에 따라 색상으로 구분한 지도
입니다. 각 지역의 이름과 매출 데이터(단위 미표기)가 지도 위에 표시되어 있습
니다. 색상이 진할수록 해당 지역의 매출이 높다는 것을 의미합니다.

32

사진으로
슬라이드 영상 만들기

상황

유튜버를 지망하는 박영희는 그동안 찍은 음식 사진으로 영상을 만들고 싶다.

데이터

📑 32.사진으로슬라이드영상만들기 〉**음식사진**.zip

↻ 20210615_120347.jpg

↻ 20210625_075442.jpg

↻ 20210706_125458.jpg

↻ 20210709_080305.jpg

↻ 20210709_171629.jpg

↻ 20210904_212047.jpg

↻ 20211001_200838.jpg

↻ 20211025_173722.jpg

해결

사진을 압축해서 ChatGPT에 올린 다음 슬라이드 영상을 만들어달라고 하자.

  음식사진.zip

슬라이드 영상으로 만들어줘.

 Finished working   Show work ▾

제공하신 zip 파일에는 다음과 같이 30개의 이미지 파일이 포함되어 있습니다:

> 20210615_120347.jpg
> 20210625_075442.jpg
> 20210706_125458.jpg
> 20210709_080305.jpg
> ⋯

이 이미지들을 이용하여 슬라이드 영상을 만들겠습니다. 각 이미지는 얼마 동안 보여줄까요?

슬라이드이므로 사진마다 보여줄 시간을 얼마로 정해야 하는지 물어본다. 2초 정도로 하자.

 각 이미지는 2초 보여줘.

 Finished working   Show work ▾

슬라이드쇼 영상을 성공적으로 생성했습니다. 다음 링크를 통해 다운로드하실 수 있습니다:

슬라이드쇼 영상 다운로드

영상은 MP4로 만들어진다. 영상을 실행하면 다음 그림처럼 음식 사진이 2초 간격으로 바뀐다.

이번에는 파워포인트 슬라이드쇼로 만들어보자.

 파워포인트 슬라이드쇼로 만들어줘.

 네, 파워포인트로 슬라이드쇼를 만들 수 있습니다. 각 슬라이드에 하나의 이미지를 넣고, 슬라이드 전환을 자동으로 설정하겠습니다. 이렇게 진행해도 괜찮으실까요?

 좋아

 Finished working   Show work ✔

파워포인트 슬라이드쇼를 성공적으로 생성했습니다. 다음 링크를 통해 다운로드하실 수 있습니다:

파워포인트 슬라이드쇼 다운로드

파워포인트 파일을 열면 이미지가 슬라이드마다 들어간 것을 볼 수 있다.

그런데 파워포인트의 전환 탭을 보면 화면 전환에 시간이 적용되지 않은 것을 볼 수 있다.

 1초마다 슬라이드가 바뀌도록 해서 다시 줘.

 파워포인트에서 자동으로 슬라이드를 전환하는 설정은 파이썬 pptx 라이브러리를 사용하여 직접 설정할 수 없습니다. 이 기능은 파워포인트 프로그램 내에서 사용자가 직접 설정해야 합니다.

화면 전환 방식이나 시간은 파워포인트 안에서 직접 설정하자.

7

부록

33 _ 파이썬 주요 라이브러리 종류와 설명
34 _ 알면 좋은 파이썬 기초 문법
35 _ 이 책에서 사용한 프롬프트

33

파이썬
주요 라이브러리
종류와 설명

NumPy(넘파이)

NumPy는 파이썬의 핵심적인 수치 계산 라이브러리로, 고성능 다차원 배열과 행렬을 지원하여 빠른 수학 연산을 제공한다. 다양한 수학 함수와 브로드캐스팅 기능을 통해 복잡한 연산을 효율적으로 처리할 수 있으며, 벡터화 연산을 지원하여 반복문 없이 배열 연산을 한다. 데이터 분석, 선형 대수, 푸리에 변환, 난수 생성 등 다양한 기능을 제공하여 과학, 공학, 데이터 분석 등 다양한 분야에서 활용한다. 예를 들어, 센서 데이터나 이미지를 다차원 배열로 표현하고, 간단한 원소별 연산부터 행렬 연산까지 NumPy를 활용하여 빠르게 처리할 수 있다.

Pandas(판다스)

Pandas는 파이썬의 강력한 데이터 구조와 데이터 분석을 위한 라이브러리로, 데이터프레임(DataFrame)과 시리즈(Series)라는 자료형을 제공한다. 이를 활용하여 테이블 형태의 데이터를 쉽게 다룰 수 있으며, 데이터 필터링, 조작, 그룹화, 결측치 처리 등 다양한 데이터 전처리 작업을 지원한다. 데이터 소스로부터 데이터를 불러오고 저장하는 기능을 포함하여 CSV, Excel, SQL 등 다양한 형식의 데이터를 다루기 쉽다. Pandas를 사용하면 데이터 분석을 위한 데이터 프레임의 생성과 조작, 그룹별 통계, 시계열 데이터 처리 등이 간편하고 직관적으로 수행된다. 예를 들어, 주식 시장 데이터를 불러와서 일일 주가 변동, 주가 수익률 등을 계산하거나, 여러 개의 데이터 파일을 합쳐서 전체 데이터를 관리하는 데에 Pandas를 사용할 수 있다.

Matplotlib(맷플롯립)

Matplotlib은 파이썬의 데이터 시각화를 위한 주요 라이브러리로, 다양한 그래프와 플롯을 생성한다. 선 그래프, 막대 그래프, 산점도, 히스토그램 등 다양한 스타일의 시각화를 생성하여 데이터 분석 결과를 직관적으로 이해할 수 있다. 많은 커스터마이징 옵션과 대화형 환경에서 사용할 수 있는 기능을 제공하여 데이터 시각화를 더욱 풍부하고 유연하게 만든다. 예를 들어, 시계열 데이터를 선 그래프로 표현하거나 히스토그램을 통해 데이터 분포를 시각적으로 확인하는 데에 Matplotlib을 사용한다.

Seaborn(시본)

Matplotlib을 기반으로 한 파이썬 데이터 시각화 라이브러리로, 통계 그래픽을 생성하는 데에 특화되어 있다. Matplotlib에 비해 높은 수준의 그래픽을 만들어 내며, 색상 팔레트, 스타일 테마 등의 기능을 통해 시각화의 품질을 높여준다. 주로 통계적 데이터의 시각화에 사용되며, 다양한 통계 차트와 산점도 매트릭스 등의 기능을 제공한다. 예를 들어, 데이터의 특성 분포를 확인하기 위해 히트맵으로 시각화하거나, 범주형 데이터의 분포를 확인하기 위해 박스 플롯을 그리는 데에 Seaborn을 사용한다.

Openpyxl(오픈파이엑셀)

Openpyxl은 파이썬에서 엑셀 파일(.xlsx)을 다루기 위한 라이브러리로, 엑셀 파일의 생성, 수정, 읽기, 쓰기 작업을 지원한다. Openpyxl을 사용하면 파이썬으로 엑셀 파일을 다룰 수 있으며, 시트의 데이터를 조작하고 셀의 값을 변경하거나 새로운 데이터를 추가할 수 있다. 엑셀 파일을 읽어 데이터를 추출하거나, 파이썬 데이터를 엑셀 파일로 저장하는 등 다양한 엑셀 데이터 처리를 지원한다. 또한, 차트 생성, 셀 스타일 지정, 수식 계산 등 엑셀의 다양한 기능을 Openpyxl을 통해 활용할 수 있다. 엑셀 파일을 사용하여 데이터 분석이나 보고서 작성을 하는 데에 Openpyxl이 많이 사용된다. 예를 들어, 데이터베이스에서 추출한 데이터를 엑셀 파일로 저장하거나, 엑셀 파일의 특정 시트를 읽어서 데이터를 시각화하는 데에 Openpyxl을 사용한다.

zipfile(집파일)

zipfile은 파이썬에서 ZIP 압축 파일을 처리하기 위한 라이브러리다. zipfile을 사용하면 ZIP 형식의 압축 파일을 생성하거나, 압축을 해제하여 파일과 디렉터리를 다룰 수 있다. ZIP 파일의 생성, 업데이트, 읽기, 추출 등의 작업을 할 수 있다. zipfile을 활용하여 여러 파일을 하나의 ZIP 파일로 압축하거나, ZIP 파일의 내용을 살펴보고 원하는 파일만 추출하는 등 다양한 파일 관리 작업을 수행한다. 또한, zipfile을 사용하여 원격으로 압축 파일을 다운로드받거나 업로드하는 등의 기능도 가능하다. 파일 압축 및 압축 해제 기능이 필요한 경우에 zipfile을 활용한다. 예를 들어, 여러 파일을 하나의 ZIP 파일로 묶어서 보관하거나, 원격 서버에서 압축 파일을 다운로드하여 압축 해제하는 데에 zipfile을 사용한다.

Plotly(플로틀리)

Plotly는 파이썬에서 인터랙티브한 데이터 시각화를 위한 라이브러리로, 다양한 그래프와 차트를 생성한다. Plotly는 다양한 시각화 유형을 지원하며, 선 그래프, 막대 그래프, 히트맵, 3D 그래프 등을 생성한다. 그래프의 스타일, 레이아웃 등을 커스터마이징할 수 있으며, 그래프를 인터랙티브하게 동작하게 만들어 데이터를 더 자세히 탐색할 수 있다. Plotly는 웹 기반으로 동작하며, 주피터 노트북(Jupyter Notebook)과 같은 환경에서도 사용할 수 있다. 또한, Plotly는 다른 시각화 라이브러리와 연동하여 데이터를 더 다양하게 표현할 수 있다. 데이터 분석 결과를 쉽게 시각화하고 공유하는 데에 Plotly를 활용한다. 예를 들어, 시계열 데이터를 선 그래프로 시각화하거나, 3D 플롯으로 다차원 데이터를 시각화하는 데에 Plotly를 사용한다.

SciPy(사이파이)

과학, 공학, 데이터 분석 등 다양한 분야에서 사용되는 고수준의 수학, 과학 기술 함수를 제공하는 파이썬 라이브러리다. NumPy를 기반으로 하며, 수치적 미적분, 최적화, 신호 처리, 통계 등 다양한 기능을 제공하여 데이터 분석에 필요한 수학적인 작업을 편리하게 수행할 수 있다. 예를 들어, 데이터를 확률 분포에 맞춰 시뮬레이션하거나, 신호 처리 작업을 위해 필요한 푸리에 변환을 수행하는 데에 SciPy를 활용한다.

Statsmodels(스태츠모델)

Statsmodels는 파이썬의 통계분석을 위한 라이브러리로, 다양한 통계적 모델링과 검정, 시각화 기능을 제공한다. 주로 회귀 분석, 시계열 분석, 비모수적 방법 등 다양한 통계적 기법을 사용하여 데이터를 분석하고 모델링하는 데에 사용된다. 통계적 가설 검정을 지원하며, 다양한 통계 지표와 검정 결과를 제공하여 분석 결과를 정량화하고 해석할 수 있도록 도와준다.

Scikit-learn(사이킷런)

파이썬에서 머신러닝을 쉽게 구현하고 평가할 수 있는 라이브러리로, 분류, 회귀, 군집화 등 다양한 머신러닝 알고리즘과 데이터 전처리, 특성 추출 기능을 제공한다. 풍부한 머신러닝 모델과 평가 메트릭을 제공하여 모델 학습과 평가를 간단하게 수행할 수 있다. 또한 데이터의 스케일링, 특성 선택, 교차 검증 등 머신러닝에 필요한 다양한 기능을 제공하여 데이터 분석가나 머신러닝 엔지니어가 쉽게 머신러닝 모델을 구축하고 평가할 수 있다. 예를 들어, 피처 엔지니어링을 통해 데이터를 변환하거나, 분류 모델을 학습하여 새로운 데이터의 클래스를 예측하는 데에 Scikit-learn을 사용한다.

TensorFlow(텐서플로)

구글이 개발한 딥러닝 라이브러리로, 그래프 기반 수치 연산을 통해 머신러닝과 딥러닝 모델을 구축하는 데에 사용한다. 딥러닝의 주요 구성 요소인 인공신경망을 구현하고 학습시키기 위한 다양한 함수와 클래스를 제공한다. 딥러닝 모델을 학습하는 데에 GPU를 지원하여 대규모 데이터셋과 복잡한 모델의 학습을 효율적으로 수행할 수 있다. TensorFlow는 유연한 구조와 커스터마이징 가능성을 제공하여 다양한 딥러닝 모델을 구현하고 실제 문제에 적용하는 데에 적합하다. 예를 들어, 컨볼루션 신경망을 구현하여 이미지 분류 문제를 해결하거나, 자연어 처리 모델을 학습하는 데에 TensorFlow를 사용한다.

Keras(케라스)

Keras는 딥러닝 모델을 쉽고 빠르게 구축할 수 있는 고수준 딥러닝 API로, TensorFlow를 백엔드로 사용한다. 간단하고 직관적인 API를 제공하여 빠른 모델 프로토타이핑과 실험을 가능케 하며, 다양한 딥러닝 모델을 간단한 코드로 구현할 수 있다. 케라스는 모델의 레이어를 쉽게 쌓아서 구성할 수 있고, 컴파일을 통해 모델의 손실 함수, 최적화 알고리즘, 평가 지표 등을 설정할 수 있다. 딥러닝 비전, 자연어 처리, 음성 처리 등 다양한 분야에서 활용되며, 쉽게 확장할 수 있는 구조를 지니고 있다. 예를 들어, 이미지 분류를 위한 컨볼루션 신경망 모델을 쉽게 구축하고 학습시키는 데에 Keras를 활용할 수 있다.

PyTorch(파이토치)

PyTorch는 머신러닝과 딥러닝 프레임워크로, 텐서 연산과 자동 미분을 지원하여 딥러닝 모델을 구축하고 학습하는 데에 사용된다. 동적 계산 그래프를 사용하여 복잡한 모델을 쉽게 구현할 수 있고, 디버깅과 테스트가 간편하다. PyTorch는 연구와 실험에 적합하며, 학습 도중에 모델의 구조를 동적으로 변경할 수 있다. GPU 가속을 지원하여 대용량 데이터와 복잡한 모델의 학습을 효율적으로 수행한다. 예를 들어, 자연어 처리를 위한 트랜스포머 모델을 구현하고 다양한 하이퍼파라미터 설정으로 학습하는 데에 PyTorch를 활용할 수 있다.

Networkx(네트워크엑스)

Networkx는 파이썬으로 구현된 그래프 이론과 네트워크 분석을 위한 라이브러리다. 복잡한 네트워크를 구축하고 분석하는데 사용되며, 그래프를 노드와 엣지로 표현한다. 네트워크에서 노드는 개별 개체를, 엣지는 노드들 간의 관계를 나타낸다. Networkx는 다양한 그래프 알고리즘과 네트워크 분석메서드를 제공하므로 네트워크 구조를 탐색하고 특성을 분석하며, 중심성, 거리, 연결성 등을 측정할 수 있다. 또한, 시각화 도구도 갖추고 있어서 그래프와 네트워크를 직관적으로 이해할 수 있다. Networkx는 사회 네트워크 분석, 전기 회로 설계, 교통 네트워크 모델링, 유전자 조절 네트워크 등 다양한 분야에서 활용된다.

PuLP(펄프)

PuLP는 파이썬에서 선형 프로그래밍을 모델링하고 풀기 위한 라이브러리다. 최적화 문제를 해결하기 위해 선형 계획법을 사용하며, 목적 함수와 제약조건으로 정의된 수학 모델을 생성한다. PuLP를 활용하여 선형 프로그래밍문제를 쉽게 구성하고, 다양한 최적화 알고리즘을 사용하여 해결한다. PuLP는 커뮤니티와 함께 개발되는 오픈 소스 라이브러리로, 다양한 최적화 문제를해결하는 데에 활용된다. 예를 들어, 제조업에서 자원 할당 문제를 최적화하는 데에 PuLP를 사용한다.

NLTK(자연어툴킷)

NLTK는 파이썬의 자연어 처리를 위한 라이브러리로, 텍스트 데이터를 분석하고 처리하는데 사용된다. NLTK는 말뭉치, 형태소 분석, 품사 태깅, 구문분석 등의 다양한 자연어 처리 작업을 지원한다. 텍스트 데이터를 전처리하고, 문장을 단어 단위로 분리하며, 각 단어의 품사를 태깅하고, 문장의 구조를 분석하는 데에 NLTK를 사용한다. 또한, 통계적인 언어 모델을 구축하고 텍스트 데이터의 특성을 추출하는 기능도 있다. NLTK는 자연어 처리 연구 및 교육을 위한 예제와 리소스도 포함하며, 다양한 언어의 텍스트 데이터에 적용할 수 있다. 예를 들어, 감성 분석, 텍스트 분류, 정보 추출 등에 NLTK를 활용한다.

BeautifulSoup(뷰티풀수프)

BeautifulSoup은 파이썬으로 웹 스크레이핑을 하기 위한 라이브러리로, HTML과 XML 문서를 파싱하고 원하는 데이터를 추출한다. 웹 페이지의 구조를 탐색하고, 원하는 요소를 선택하거나 속성에 접근할 수 있으며, 텍스트 데이터를 추출하는 데 사용된다. HTML 파서를 사용하여 웹 페이지의 태그를 구문 분석하고, 태그의 구조를 이해하여 파이썬 객체로 변환한다. BeautifulSoup은 간편하고 직관적인 API를 제공하여 웹 스크레이핑을 쉽게 수행하며, 다른 라이브러리와 함께 사용하여 웹 데이터를 수집하고 분석하는 데에 많이 활용된다. 예를 들어, 특정 웹 페이지에서 뉴스 기사 제목을 추출하거나, 특정 웹 사이트의 상품 정보를 스크레이핑하는 데에 BeautifulSoup을 사용한다.

OpenCV(오픈씨브이)

OpenCV는 오픈 소스 컴퓨터 비전 라이브러리로, 이미지 및 비디오 처리를 위한 강력하고 다양한 기능을 제공한다. 이미지 로딩, 변환, 필터링, 객체 감지, 얼굴 인식, 동영상 분석 등의 기능을 제공하며, 컴퓨터 비전과 이미지 처리 알고리즘을 쉽게 구현하고 적용할 수 있다. OpenCV는 C++, 파이썬, 자바 등 다양한 프로그래밍 언어에서 사용할 수 있으며, 머신러닝 라이브러리인 TensorFlow와 연동하여 딥러닝 기능을 사용하기도 한다. 이미지 처리, 컴퓨터 비전, 로봇, 자율주행차, 보안 등 다양한 분야에서 활용된다. 예를 들어, 실시간 얼굴 감지 애플리케이션, 객체 추적 시스템 등을 구현하는 데에 OpenCV를 사용한다.

Folium(폴리움)

Folium은 파이썬에서 인터랙티브한 지도 시각화를 위한 라이브러리로, Leaflet.js를 기반으로 한다. 지도 위에 다양한 요소(마커, 원, 선, 다각형 등)를 추가하고 인터랙션을 지원하여 데이터를 시각화한다. Folium은 웹 기반으로 동작하며, 주피터 노트북에서도 원활하게 사용할 수 있다. 지리적 데이터의 시각적 표현과 분석에 적합하며, 다양한 지도 타일과 스타일을 사용하여 지도의 외관을 커스터마이징할 수 있다. 또한, 경로 표시, 지리적 클러스터링, 팝업 등 다양한 기능을 제공하여 인터랙티브한 지도 시각화를 쉽게 구현할 수 있다. Folium은 지리 공간 데이터를 시각화하는 데에 유용하며, 지리정보 시각화, 위치기반 서비스 등에 사용된다. 예를 들어, 지리 데이터를 사용하여 지역별 데이터의 분포를 시각화하거나, 여행 경로를 지도 위에 표시하는 데에 Folium을 사용한다.

Imageio(이미지아이오)

Imageio는 파이썬에서 이미지 입출력을 위한 라이브러리로, 다양한 이미지 형식을 읽고 쓰는 기능을 제공한다. 이미지를 배열로 읽고 배열을 이미지로 저장할 수 있으며, 다양한 이미지 포맷(JPEG, PNG, GIF 등)과 비디오 포맷(MP4, AVI 등)을 지원한다. imageio는 NumPy 배열 형태로 이미지 데이터를 처리하므로 이미지 데이터를 쉽게 다룰 수 있다. 또한, 이미지의 메타데이터, 프레임 시간 등을 읽어올 수 있으며, GIF 애니메이션 생성과 비디오 생성 등 다양한 이미지 처리 기능을 제공한다. 이미지 처리, 비디오 처리, 컴퓨터 비전 등 다양한 분야에서 이미지 데이터를 다루고 처리하는 데에 유용하다. 예를 들어, 이미지를 배열로 변환하여 NumPy를 사용하여 처리하거나, 비디오 프레임을 읽고 쓰는 데에 imageio를 사용한다.

Geopandas(지오판다스)

Geopandas는 파이썬에서 지리 공간 데이터를 다루기 위한 라이브러리로, Pandas를 기반으로 한다. Geopandas를 사용하면 지리 데이터를 손쉽게 읽고, 표 형식의 데이터와 공간 데이터를 함께 다룰 수 있다. 지리 공간 데이터는 지리적인 형상 정보를 가지고 있으며, 지리 정보를 지도 형식으로 시각화하거나 공간 정보를 기반으로 다양한 공간 분석을 할 때 유용하다. Geopandas는 지리 데이터를 포함한 Shapefile, GeoJSON, KML 등 다양한 지리 데이터 포맷을 지원한다. 또한, 공간적인 조인, 버퍼 생성, 지리적인 선택 등 다양한 공간 분석 기능을 제공한다. Geopandas를 활용하여 지리 공간 데이터를 쉽게 다루고 시각화하여 지리 정보에 기반한 데이터 분석을 할 수 있다. 예를 들어, 지도상에 도형을 그리거나 지리 정보를 가지고 인구 분포를 분석하는 데에 Geopandas를 사용한다.

34

알면 좋은
파이썬 기초 문법

변수(Variables)

파이썬에서는 변수의 데이터 타입을 선언할 필요가 없다. 단순히 변수에 값을 할당하면 된다.

```
x = 5
y = "Hello, World!"
```

주석(Comments)

파이썬에서는 # 기호를 사용하여 주석을 달 수 있다.

```
# 이것은 주석입니다.
```

데이터 타입(Data Types)

파이썬에는 다양한 데이터 타입이 있다.

- 정수(Integer)
- 문자열(String)
- 리스트(List)
- 사전(Dictionary)
- 집합(Set)
- 불리언(Boolean)

연산자(Operators)

파이썬에는 산술 연산자, 비교 연산자, 할당 연산자, 논리 연산자 등의 다양한 연산자가 있다.

조건문(Conditional Statements)

if, elif, else 키워드를 사용하여 조건문을 작성할 수 있다.

```
if x > y:
    print("x is greater than y")
elif x == y:
    print("x and y are equal")
else:
    print("y is greater than x")
```

반복문(Loops)

for 루프와 while 루프를 사용하여 반복문을 작성할 수 있다.

```
for i in range(5):
    print(i)

i = 0
while i < 5:
    print(i)
    i += 1
```

함수(Functions)

def 키워드를 사용하여 함수를 정의할 수 있다.

```
def my_function():
    print("Hello from a function")
```

클래스(Classes)/객체(Object)

파이썬은 객체 지향 프로그래밍을 지원하며, class 키워드를 사용하여 클래스를 정의할 수 있다.

```
class MyClass:
    x = 5
```

리스트(Lists)

파이썬의 리스트는 여러 타입의 요소를 포함할 수 있다. 리스트는 []을 사용하여 만들 수 있다.

```
python
Copy code
my_list = [1, "apple", 3.14]
```

사전(Dictionaries)

사전은 키-값 쌍을 저장하는 데 사용된다. 사전은 {}를 사용하여 만들 수 있다.

```
my_dict = {"name": "John", "age": 30}
```

예외처리(Exception Handling)

try, except, finally 구문을 사용하여 예외 처리를 할 수 있다.

```
try:
    print(x)  # x가 정의되지 않았기 때문에 에러 발생
except:
    print("An exception occurred")
```

모듈(Modules)/패키지(Packages)

코드의 재사용을 돕기 위해 파이썬은 모듈과 패키지라는 코드 구성 단위를 제공한다. 모듈은 파이썬 코드가 들어 있는 파일이며, 패키지는 모듈의 컬렉션이다.

```
import math  # math 모듈을 가져옵니다.
print(math.pi)  # math 모듈의 pi 상수를 출력합니다.
```

35

이 책에서
사용한 프롬프트

1부

- kiwi 라이브러리를 사용해서 형태소 분석을 해줘.
- KoNLPy 라이브러리를 사용해줘.

2부

- 파일을 하나로 합쳐서 다운로드할 수 있게 해줘.
- '1월수강생' 파일의 데이터는 '1월'이란 이름의 시트에 넣어줘.
- '2월수강생' 파일의 데이터는 '2월'이란 이름의 시트에 넣어줘.
- 이런 식으로 12월까지 데이터를 각각의 시트에 넣어줘.
- 이 파일의 여러 시트를 개별 엑셀 파일로 만들어서 다운로드하게 해줘.
- 파일 이름은 시트 이름과 동일하게 해줘.
- 압축해줘.
- 파일 이름 뒤에 '수강자목록'을 붙여줘.

- 두 파일에 중복으로 나타나는 수강생을 알려줘.

- 1월부터 12월까지 중복된 이름을 찾아줘.

- 이재호는 몇 월에 수강했지?

- 두 회사의 연결 포괄손익계산서에서 영업수익을 찾아 비교해줘.

- 두 회사의 영업수익률을 계산해줘.

- 연도별 영업이익률을 표로 보여줘

- 행렬을 바꿔줘.

3부

- 휴대폰 번호를 바로잡아줘.

- 엑셀로 만들어줘. 휴대폰 번호 오른쪽에 열을 추가해서, 변경된 휴대폰 번호를 넣어줘.

- 퇴근 시간에 빠진 데이터가 있다. 어떻게 채워 넣는 것이 좋을까?

- 어떤 방법이 가장 좋을까?

- 엑셀로 만들어줘.

- 수식이 잘못된 것을 찾아서 바로잡은 다음 엑셀 파일로 다운로드하게 해줘.

- 수식을 유지해줘.

- 할인수강료 열에 계산 수식을 넣어서 다시 줘.

- 이 데이터를 비식별화하고 싶다.

- 사번과 이름을 임의의 값으로 변경해줘.

- 좋아. 그렇게 해서 엑셀 파일을 만들어줘.

- 그리고 랜덤한 문자열과 원래의 사번, 이름을 별도의 엑셀 파일로 만들어줘.

- 열 이름을 보고 가상의 데이터를 100행 추가하고 엑셀 파일로 줘.

- 펜션 이름을 한국 펜션 이름과 비슷하게 만들어 줘. 2~5글자로 해줘.

- 좋아

4부

- 설치 기사별 기술 통계량을 계산하고 의미를 설명해줘.

- 상자 수염으로 보여줘. 설치 기사 이름은 번호로만 보여줘.

- 평균 만족도와 표준편차를 기준으로 2BY2 매트릭스를 그리고 설치기사를 배치해줘.

- 설치 기사 이름은 영어로 바꿔줘.

- 기술 통계량 분석을 어디에 사용할 수 있니? 사례 10가지를 알려줘.

- 두 파일에서 2014년 1월부터 2022년 12월까지의 즉석식품의 전월대비 매출증감률과 평균 기온을 찾아서 엑셀로 정리해줘. 다음 형식을 따라줘.

- 연월 평균기온 즉석식품의전월대비매출증감률

- 네가 찾아봐

- 상관관계를 분석해줘.

- 네

- 더 복잡한 통계적 방법을 알려줘

- 시계열 분석을 해줘. 한글은 영어로 바꿔줘.

- 데이터를 보고 월별 특성을 알려줘

- 시계열분석을 어디에 사용할 수 있니? 사례 10가지를 알려줘

- 회귀분석을 해줘.

- 상관관계를 분석해서 그래프로 보여줘

- 면적이 1만 제곱미터고 층수가 18층이고 사용년수가 10년이고 전용주차대수가 10대인 사무실의 매매가가 얼마냐?

- 계산식을 알려줘

- 회귀식을 그래프로 보여줘

- 사용년수만 변화시키고 나머지는 평균 값으로 고정해줘.

- 회귀분석을 어디에 사용할 수 있니? 사례 10가지를 알려줘

- 의사결정나무 분석을 해줘.

- 의사결정나무를 어디에 사용할 수 있니? 사례 10가지를 알려줘

- 신입사원 300명 중 대표적인 유형의 사원 4명을 뽑고 싶다.

- 클러스터링 알고리즘을 사용해줘.

- 이 데이터에서 대표 유형의 신입사원을 n명 뽑고 싶다. k—평균 군집분석을 해줘.

- 최적의 값을 찾아서 해줘.

- 모든 특징을 사용해줘.

- k—평균 군집분석을 어디에 사용할 수 있니? 사례 10가지를 알려줘

- 사용재D가 1번부터 10번까지인 고객에게 가장 평점을 높게 줄 아이템을 각각 1개씩 추천하고 싶다. 추천 아이템은 해당 사용자가 평점을 주지 않은 아이템이어야 한다.

- 아이템별 평균 평점과 표준편차를 알려줘. 평균 평점을 내림차순으로 보여줘.

- 더 복잡한 추천 시스템 알고리즘을 사용해줘.

- 아이템 기반 협업 필터링을 사용해서 알려줘.

- 하이브리드 방식을 사용해줘.

- 사용자 아이디, 평균 평점 기준 추천 상품, 사용자 기반 협업 필터링 기준 추천 상품, 아이템 기반 협업 필터링 기준 추천 상품을 보여줘.

- 협업 필터링을 어디에 사용할 수 있니? 사례 10가지를 알려줘.

- 소셜 네트워크 분석을 해줘.

- 엑셀로 출력해줘.

- 중심성 지표를 자세히 분석해줘.

- 소셜 네트워크 분석을 어디에 사용할 수 있니? 사례 10가지를 알려줘.

- 최적화 모델로 최적의 경로를 찾아줘.

- 배송 비용을 최소화하고 싶다.

- 좋아

- 엑셀 데이터는 오늘 배송해야 할 목록이다. 다음 조건을 충족하는 트럭별 최적 경로를 알려줘.

- 트럭은 총 10대가 있고 차량번호는 101부터 110까지다.

- 배송 용량은 대형이 3톤, 중형이 2톤, 소형이 1톤이다.

- 트럭 한 대에 최대 10톤을 실을 수 있다.

- 배송 비용을 최소화하고 싶다.

- 네

- 최적화 분석을 어디에 사용할 수 있니? 사례 10가지를 알려줘.

5부

- 데이터를 분석해줘.

- 화상회의 대화 데이터다.

- 대화의 양을 분석해줘.

- 'Jun' 발신자의 채팅 내용을 보여줘. 총 몇 개인지도 알려줘.

- 10분 단위로 메시지 개수를 시각화해줘.

- 이 데이터는 화상회의 도구를 이용해서 2시간 교육할 때 채팅 내용이다.

- 한글로 되어 있으니, 영어로 모두 번역한 다음 무슨 대화가 오갔는지 알려줘.

- 텍스트 파싱을 사용한 사례 10가지를 알려줘.

- 구글뉴스.html

- 뉴스 제목을 추출하고 싶다.

- 뉴스 제목을 추출하고 싶다. 셀렉터는 다음과 같다.

- div 〉 a 〉 div 〉 div.iRPxbe 〉 div.n0jPhd.ynAwRc.MBeuO.nDgy9d

- html 파싱을 사용한 사례 10가지를 알려줘.

- 쇼핑몰 댓글을 긍부정으로 분석해줘.

- 매우 긍정은 5점, 조금 긍정은 4점, 보통은 3점, 조금 부정은 2점, 매우 부정은 1점으로 해줘.

- 엑셀로 만들어 줘.

- 응

- 감성분석을 어디에 사용할 수 있니? 사례 10가지를 알려줘

- 이미지를 4x3으로 나눠줘.

- 각 이미지 조각에서 메인 컬러 2개씩 추출해서 원래 이미지와 메인 컬러를 같이 보여줘

- 메인 컬러 4개를 원래 조각 이미지와 함께 보여줘

- 메인 컬러 중에 가장 많이 나오는 컬러 3개를 보여주고 RGB 값도 알려줘

- 다음 색상을 제외하고 각 이미지 조각에서 메인 컬러 3개씩 시각화해서 보여줘

- 색상 #d9d9d8 (RGB: (217, 217, 216))

- 색상 #dad9d8 (RGB: (218, 217, 216))

- 각 이미지 조각과 색상 값을 엑셀로 저장해줘.

- 엑셀에 이미지를 삽입하고, 색상 코드는 해당 셀의 배경색으로 바꿔줘.

- k-평균 군집분석을 이미지에 사용한 사례 10가지를 알려줘.

- 텍스트를 추출해서 알려줘

- 예

- 한국어 라이브러리를 설치해서 해줘.

- 일단 영어만 추출해줘.

- 웹사이트 주소, 휴대폰 번호, 이메일을 추출해서 엑셀에 정리해줘.

- 웹사이트 주소가 안 들어있다. 다시 해줘.

- 명함 이미지에서 웹사이트 주소, 휴대폰 번호, 이메일 주소를 추출해서 엑셀로 정리해줘.

- 두 번째 파일부터 제대로 추출되지 않았다. 다시 해줘.

- 각 이미지의 해상도와 용량을 엑셀 열에 추가해줘.

- 이미지 해상도를 향상시켜서 다시 시도해줘.

- OCR을 사용한 사례 10가지를 알려줘.

- 이 소리를 분석해줘.

- 모두
- 그래서 이 소리는 어떤 소리냐?
- 이 소리는 공장 소리다
- 두 오디오 파일을 비교해줘.
- 알아서 비교해줘.
- cross-correlation을 사용해서 두 소리의 유사성을 확률로 알려줘.
- 주파수, 진폭, 지속 시간에 대해 유사성을 분석해줘.
- 교차 상관분석(cross-correlation) 분석을 어디에 사용할 수 있니? 사례 10가지를 알려줘.

6부

- 차트를 그려줘.
- 행정구역 이름은 영어로 바꿔줘.
- 네가 결정해서 그려줘.
- 2010년을 기준으로 인구 상위 5개를 다른 색으로 표시해줘.
- 상위 5개 행정구역의 선 오른쪽 끝에 행정구역 라벨을 넣어줘.
- 영어로 못 바꾼 행정구역 이름은 발음 나는 대로 영어로 바꿔줘.
- 상위 5개의 컬러를 각각 다르게 해줘.
- 라벨이 너무 작다. 폰트 크기를 2배로 키워 줘.
- 적록색약도 볼 수 있게 해줘.
- 선의 모양도 다르게 해줘.
- 차트를 두 개 그리고 싶다.
- 왼쪽에는 서울특별시만 있는 선 그래프를 그려줘.
- 오른쪽에는 경기도만 있는 선 그래프를 그려줘.

- 서울특별시는 Seoul로, 경기도는 Gyungi로 표기해줘.

- 이번에는 차트를 4개 그려줘.

- 서울특별시, 부산광역시, 경기도, 경상남도

- Y축 눈금 간격을 동일하게 맞춰서 다시 그려줘.

- 서울과 부산은 방금처럼 선 그래프로 그리고, 경기도와 경상남도는 막대그래프로 그려줘.

- 모든 차트에 전국 평균 선을 추가해줘. 평균 선은 빨간색으로 굵게 해줘.

- 서울특별시의 인구변화를 GIF 애니메이션 그래프로 만들어 줘.

- GIF 애니메이션에서 모든 프레임을 추출해서 하나의 이미지로 보여줘. 이미지 안에 프레임은 가로로 3개씩 들어가게 해줘.

- 2010년 값을 기준으로 Y축과 X축을 고정해서 다시 만들어줘.

- 세계 지도를 그리고 한국을 표시해줘.

- 아시아 지도를 그리고 한국을 표시해줘.

- 한국 지도를 그리고 서울을 표시해줘.

- 한국의 행정구역을 지도로 그려줘.

- 지도를 그려줘.

- skorea-provinces-geo.json

- 광역시도를 표시하고 경계선을 굵게 그려줘

- 이 데이터의 매출을 지도에 표시해줘.

- 단위는 빼줘.

- 슬라이드 영상으로 만들어줘.

- 각 이미지는 2초 보여줘.

- 파워포인트 슬라이드쇼로 만들어줘.

- 좋아

- 1초마다 슬라이드가 바뀌도록 해서 다시 줘.

챗GPT와
데이터 분석
with 코드 인터프리터